Richard Graf du Moulin Eckart

**Der historische Roman in Deutschland
und seine Entwicklung**

Richard Graf du Moulin Eckart: Der historische Roman in Deutschland und seine Entwicklung
Hamburg, SEVERUS Verlag 2011.
Nachdruck der Originalausgabe von 1905.

ISBN: 978-3-86347-193-4
Lektorat: Tim Pflugfelder
Druck: SEVERUS Verlag, Hamburg 2011

Der SEVERUS Verlag ist ein Imprint der Diplomica Verlag GmbH.

Bibliografische Information der Deutschen Nationalbibliothek:
Die Deutsche Nationalbibliothek verzeichnet diese Publikation in der Deutschen Nationalbibliografie; detaillierte bibliografische Daten sind im Internet über http://dnb.d-nb.de abrufbar.

© **SEVERUS Verlag**
http://www.severus-verlag.de, Hamburg 2011
Printed in Germany
Alle Rechte vorbehalten.

Der SEVERUS Verlag übernimmt keine juristische Verantwortung oder irgendeine Haftung für evtl. fehlerhafte Angaben und deren Folgen.

Frau Alma Leschivo
(† 9. März 1905)
in treuem Gedenken.

Am 31. Januar 1883, wenige Tage vor seinem Verscheiden, hat Richard Wagner in einem Briefe an Heinrich von Stein noch einmal seiner Auffassung über das historische Drama einen tiefen und ergreifenden Ausdruck gegeben. Der Brief war bestimmt den „Dramatischen Bildern: Helden und Welt" des seltenen Menschen als Geleitwort zu dienen. Dem Schüler A. Rémusats und Gobineau's rief er zu: „Gewiß konnten Sie keinen glücklicheren Vorschritt tun, als diesen vom philosophierenden Nachdenker zum dramatisierenden Klarseher. Sehen, sehen, wirklich sehen, – das ist es, woran Allen es gebricht. Habt Ihr Augen? Habt Ihr Augen? – möchte man immer dieser ewig nur schwatzenden und horchenden Welt zurufen, in welcher das Gaffen das Sehen vertritt. Wer je wirklich sah, weiß, woran es mit ihr ist." Aber die Folge dieses Sehens – ist „ein langes, tiefes Schweigen." Und „nur, wer aus solchem Schweigen seine Stimme erhebt, darf endlich auch gehört werden." Ihm wird das Drama gelingen, wie es Shakespeare schuf, „welches keine Dichtungsart ist, sondern das aus unsrem schweigenden Innern zurückgeworfene Spiegelbild der Welt." Und dieses könnte tätige Beispiele bieten, welche die Möglichkeit der Rettung von dem Fluche, der auf der Welt lastet, dartun. Und damit wäre dann auch der Beweis zu erbringen, dass den germanischen Stämmen im Gegensatze zu der lateinischen Welt noch die. Kraft zu einem neuen Leben innewohnt."

Tiefe, ergreifende Worte des Mannes, der nur schaffen konnte, im Gefühle des tiefsten Zusammenhanges mit seiner Nation, der ihr in seinen Werken ein Spiegelbild der lichtesten Art vorgehalten hat. Und er weist hin auf die Geschichte als ein Allheilmittel für ihre Klärung und Veredelung, der sein ganzes Wirken gewidmet war. Aber er meinte nicht jene Geschichte, wie sie oberflächlich gelehrt und erfaßt wird. „Jene Geschichte," sagt er vielmehr, „in welcher es nicht ein Jahrzehnt gibt, das nicht fast einzig von der Schmach der menschlichen Gesellschaft erfüllt ist, überlassen wir, zur Stärkung ihres steten Fortschrittsglaubens, den Anschauungen unserer Professoren, wir haben es mit Menschen zu tun, mit welchen, je hervorragender sie waren, die Geschichte zu keiner Zeit etwas anzufangen wußte: ihre Überschreitungen des gemeinen Willensmaßes, zu denen eine leidensschwere Notwendigkeit sie drängt, sind es, was uns einzig angeht." Harte Worte, und wir dürfen hinzufügen, irrige Worte, denn er selber stand mit seiner Anschauung der tieferen historischen Auffassung näher, als er ahnte. Freilich diese Selbstbefreiung, wie sie Wagners Leben verklärte, ist einem anderen nicht vergönnt. Die Wege des Genius zu wandeln, ist auch dem Wissenden verwehrt. Aber was er wollte, daß es in der Dichtung voll enthüllt werde, das strebt auch die Geschichtsschreibung an; nur bricht sie in weiser Selbstzucht da ab, wo ihr der reale Boden unter den Füßen schwindet; denn „Erdenluft muß sie atmen." Aber wenn sie in jene andere Welt nicht dringen kann, die sie den leichter beschwingten Schwestern als Reich lassen muß, wo ihre Geschöpfe wandeln von dem Zwange befreit, der sie selbst bindet, so ist sie doch der Musen Eine: und wer aus ihrer Führung scheidet und einer ihrer Schwestern folgt, dem gibt sie ein Abschiedsgeschenk, einen Talisman mit, wie Goethe ihn nennt: „die Begeisterung."

Wagner hat das selbst erfahren und er hat im Laufe seines Lebens und Schaffens ihr, der Vielgeschmähten, seinen vollen Tribut gezollt. Er ist, wir dürfen das sagen, selbst ihr Schüler gewesen. Ihr dankt er zum großen Teile sein Stilgefühl und wenn er sich von den eigentlichen historischen Stoffen früh abgewendet, so war sie dennoch seinem Dichten und Sinnen eine treue Gefährtin. Sein „König Heinrich" ist eine Gestalt, die aus der historischen Welt hineinragt in seine poetische. Die Zeitstimmung ist in allen seinen Werken, im „Rienzi" wie in den „Meistersingern," im „Tannhäuser" wie im „Tristan" in gleich glänzender Weise getroffen; und über der Halle der „Gibichungen" weht ein Hauch echt historischen Lebens.

Wir dürfen es wohl sagen: der Ruf „Sehen, sehen!" „Habt ihr Augen, habt ihr Augen?" ist bei den Historikern selbst nicht verhallt. Die Kraft künstlerischen Empfindens und Gestaltens ist gewissermaßen Voraussetzung für den Geschichtsschreiber. Wie viele sind schon an jener Grenzscheide zwischen ihrer Wissenschaft und dem Reich der Poesie gestanden und haben doch den Schritt nicht getan. Ich brauche bloß an das fast tragische Ringen Heinrich von Treitschkes zu erinnern, der mit schmerzlichstem Verzicht der Poesie entsagt, um mit um so heißeren Treuen der ernsteren, der strengeren Schwester zu folgen, in deren Dienst man keine Lorbeeren erntet. Er hat den Jugendtraum geopfert, er hat seinen „Heinrich von Plauen" verbrannt: aber in jeder Zeile seiner Werks pulsiert die verhaltene dichterische Kraft, weht uns der Hauch eines starken poetischen Talentes an.

So könnte man sagen, der Ruf, „Sehen, sehen!" hätte mit mehr Recht den Dichtern selbst gegolten, die statt des „Gaffens" das Sehen lernen mußten. Und in der Tat, die moderne Dichtung hat diesen Ruf voll beherzigt. Denn was man auch sagen mag, ob man auch hier in altgewohnter Engherzigkeit Irren und Wirren sieht: die Entwickelung war eine gesunde, und der Historiker selbst kann aus dieser vollen Wendung zum Realismus unendlich viel lernen. Gewiß hat diese Dichtung sich nicht „wie mit Flügeln" aus der Niederung des Lebens in ein freies Reich der Phantasie erhoben. Im Gegenteil. Sie führte gerade in jene Tiefen hinab, in die bisher der Blick des dramatischen Dichters nur selten gedrungen. Es waren kleine Schicksale, kleine und kleinliche Verhältnisse, die nun mit erschreckender Wahrhaftigkeit dem Publikum die Augen öffneten. Und es war gut so: denn Schaffende und Schauende mussten den Sinn gewinnen für die gemeine Deutlichkeit der Dinge. Sie mußten lernen, die Wahrheit zu ertragen. Es war ein Schritt, der viel Kraft erforderte, aber auch lauterste künstlerische Ehrlichkeit. Wie viele sind auf halbem Wege liegen geblieben und haben sich verblutet. Manche haben auch hier die Poesie zu niederer Tat und schnödem Werk mißbraucht. Aber man sage nicht, der Realismus habe den Idealismus zum Teufel gejagt.

Bei echtem Werk wird dieser stets zu finden sein, und wir brauchen nur Gerhart Hauptmanns „Vor Sonnenaufgang" oder seinen vielgeschmähten „Thomas Kramer" zu betrachten, so sehen wir auch hier das echte Walten des wahren Idealismus. Ebenso in Halbes „Jugend" und im „Strom." Und in Kayserlings „Frühlingsopfer" weht uns aus dem Dufte des frühlingsprangenden Birkenwaldes die alte, echte Poesie an. Es kam darauf an, diese Errungenschaften des bürgerlichen Schauspiels auf die Tragödie, vor allem auf das historische Drama zu übertragen. Die Bühne kann die Gestalten der Geschichte nie völlig missen. Sie wird immer zu ihnen zurückkehren müssen.

Und in der Tat, der große bedeutsame Schritt ist schon geschehen. In Hauptmanns „Florian Geyer" haben wir das moderne, historische Drama, und wer noch heute abergläubisch den Kopf schüttelt, der wirds noch lernen, daran zu glauben, genau wie jene, die sich Wagners Kunst gegenüber mit kleinlicher Renitenz ablehnend verhalten. Auch der „Arme Heinrich" weist durchaus echte Züge auf. Und schon steht er nicht mehr allein. Strindberg hat in seiner „Wittenberger Nachtigall" endlich das so lang ersehnte Lutherdrama geschaffen. Arthur Schnitzlers „Grüner Kakadu" ist ein echtes dramatisches Bild aus dem gärenden Paris von 1789. Nichts echter als dieses Berauschen an der eigenen Phrase, diese grenzenlose Frivolität und dieses Ineinanderfließen von Leben und Komödie. Das ist das Geschlecht, das all das furchtbare mit leuchtenden Augen und lachendem Munde schaffen und ertragen konnte.

Hier öffnet sich uns ein weiter, großer Aspekt und aus diesem Boden wird die dramatische Poesie ihre neuen, kräftigen Reiser pflanzen. Aber auch die erzählende Poesie, die ja von der großen Bewegung nicht minder neue Lebenskraft gewonnen, wird den alten Bund mit der Historie aufs neue schließen.

Gewiß hat der Roman als solcher eine neue, gewaltige und segensreiche Wandlung durchgemacht. Wie das Drama hat er sich die Aufgabe des vollen psychologischen Durchdringens und Erfassens seiner Gestalten gestellt. Auch hier ist das „Sehen" Prinzip, Voraussetzung künstlerischen Erfassen und künstlerischer Durchführung. Auch hier ist der Bruch mit dem Konventionalismus Ereignis geworden. Aber wenn er nun an der Gegenwart und ihren Gestalten die Probe bestehen mußte, so ist dadurch der Bruch mit der Historie keineswegs Bedingung geworden. Auch hier wäre die Rückkehr zu historischen Stoffen kein Rückschritt, sondern ein Fortschritt. Und er ist um so leichter, als ja die Geschichtsschreibung selbst die gleiche Wandlung durchgemacht. Sie ist auf dem besten Wege, das psychologische Erfassen ihrer Helden sich gleichfalls als Hauptaufgabe zu stellen und auf

Grund dieser neuen, starken Methode die Vergangenheit in anderem, hellerem Lichte zu zeigen.

Dieses psychologische Durchdringen ist die Voraussetzung zu einem neuen Bunde zwischen dem Roman und der Historie. In Wahrheit ist er noch gar nicht gelöst. Im Gegenteil. Wir dürfen sagen, daß er gerade jetzt von den glücklichsten Folgen begleitet war. Denn am Ende der alten und am Anfang einer neuen Entwickelung steht Konrad Ferdinand Meyer.

Indem nun Meyer den Übergang zur psychologischen Behandlung des historischen Romans in kraftvoller Weise vermittelt, hat er zugleich dargetan, daß in der Entwicklung dieser Dichtungsart sich ein stetes Vorwärtsschreiten vollzieht. Freilich ist diese Gattung an sich nicht alt, wenn man nicht einen künstlichen Zusammenhang mit den mittelalterlichen Ritterromanen konstruieren will. Der Ursprung ist in der Tat ein anderer. Gewiß schließt der „Simplizissimus" den Kern des modernen historischen Romans bereits in sich. Aber den Ausgangspunkt der Entwicklung bildet doch erst der „Agathon" Wielands. Er hat den historischen Roman tatsächlich begründet. Freilich hat auch hier der Klassizismus seinen nivellierenden Einfluß geübt. Die Dichter griffen nach den Männern, mit denen sie schon auf der Schule durch ihren Cornelius Nepos vertraut gemacht wurden. So trat Meißner mit seinem „Alcibiades" hervor und stellte dann in zwei Romanen die Freiheitshelden „Spartakus" und „Masaniello" nebeneinander. Eine Idee, die zweifellos eine sehr gesunde Grundlage hatte. Es war ihm darum zu tun, den antiken Freiheitshelden und sein Ringen in Zusammenhang mit den modernen Bewegungen zu bringen. In den Tagen, da Bonaparte den entscheidenden Schritt zur Alleinherrschaft wagte, ließ er dann „Das Leben des G. Jul. Cäsar" erscheinen. Er fand denn auch zahlreiche Nachahmer, während andere sich durch einen weit bewährteren Führer, durch Goethe und seinen „Götz von Berlichingen", in die Zeiten der mittelalterlichen Geschichte locken ließen. Eine Hochflut von geschichtlichen Erzählungen, meist breiten, langweiligen Ritterromanen ergoß; sich über die deutsche Lesewelt. Wie später Louise Mühlbach hat damals Frau Benedikta Naubert eine Romanfabrik eröffnet. Und während sie selbst noch mit ihrem „Eginhard und Emma," dem „Templergroßmeister Walther von Montbarry," oder ihrem „Hermann von Nema. Eine Geschichte aus den Zeiten der Vemgerichte" selbst Männer wie Körner zu interessieren wußte, produzierten ihre Nachbeter die banalste Unterhaltungslektüre. Aber es hat nicht viel gefehlt, so hätten ihre Werke einem der Größten zur Anregung gedient. Körner schrieb gegen Ende 1788 an Schiller: „Mir fällt ein, ob eine gewisse Art historischer Romane, wie Walther von Montbarry, Hermann von Unna, keine Arbeit für dich wäre, um in Nebenstunden ohne Anstrengung Geld zu verdienen." „Dir könnte es; nicht schwer fallen, nach Art des Geistersehers solche Romane zu schreiben." Man darf es wohl bedauern, daß Schiller diesen Rat nicht weiter befolgte. Denn ihm war es wie kaum einem anderen gegeben, gerade durch die Gewalt seiner poetischen Kraft, die historischen Gestalten uns näher zu bringen. Nichts ist bezeichnender als sein „Wallenstein." Während er den gewaltigen Generalissimus in seiner Geschichte des dreißigjährigen Krieges gänzlich verzeichnet hat, entspricht sein dramatischer Held den historischen Voraussetzungen in geradezu wunderbarer Weise. Auch seine kleinen Geschichten lassen es uns beklagen, daß er Körners Rat nicht befolgt hat. Ja, wir dürfen vermuten, daß er in analogem Verhältnis zu Goethe diese Form des Romans zu künstlerischer Höhe gebracht hätte. Jedenfalls; wäre er jener Entartung des historischen Romans, die auf Echtheit der Farbe und innere Wahrhaftigkeit der Geschehnisse keine Rücksicht mehr nahm, mit starkem Einfluß entgegen getreten.

Auch Fouqué hat sich von dieser bedenklichen Richtung nicht losgemacht. Erst Achim von Arnim ist mit seltenem Feingefühl den historischen Verhältnissen wieder gerecht geworden. Es ist ein Akt der Gerechtigkeit und ein Zeichen geläuterten Geschmacks, daß man seine Erzählungen

in neuerer Zeit wieder hervorholt. Dieses Weben und Schalten seiner Phantasie im Gewebe der Geschichte ist von hohem Reiz. So vermag er alles wie Selbstgeschautes darzustellen: aber es wird nicht nur „Ahnung" zur „Gegenwart," sondern die Gegenwart wiederum zur

„Ahnung." Wie ganz anders in Eichendorfs „Ahnung und Gegenwart!" In glatter Nachahmung Goethes hat er in diesem Werke, ohne es zu wollen, einen historischen Roman geschrieben, „der die trostlose Stimmung der Zeit vor den Freiheitskriegen widerspiegelt." Noch persönlicher mutet uns Ulrich Hegners zeitgenössischer Roman „Saly's Revolutionstage" an. Er führt uns; mitten in die Wirren des Jahres 1789 hinein. Akademischer ist sein Künstlerroman: „Leben Hans Holbeins des Jüngeren," aber auch heute noch lehrreich und interessant, da er starke Spuren psychologischer Vertiefung aufweist. Auch die älteren Romantiker versuchten sich, freilich mit wenig Glück, auf diesem Gebiete. Tiek selbst begann „Franz Sternbalds Wanderungen," Novalis schrieb einen „Heinrich von Ofterdingen," der insofern Interesse verdient, als er auf Richard Wagners Tannhäuser-Dichtung anregend gewirkt hat.

Aber alle blieben im Grunde auf dem gleichen Punkte stehen. Von einem tieferen Eindringen in die Geschichte selbst, von dem dichterischen Erfassen der Charaktere war keine Rede. Die Geschichte war lediglich Dekorationsstoff und nur in den seltensten Fällen wurde dass Zeitkolorit auch nur einigermaßen getroffen. Es war eben eine der vielen „Spezies" von Romanen, welche das Lesefutter der deutschen Nation bildeten. Keinem war es ernst mit seinem Schaffen: weder das Historischwahre, noch das Reinmenschliche, ward das Ziel dieser Romanschreiber.

Da kam von außen eine mächtige Einwirkung – durch Walther Scott. Schon im Laufe der zwanziger Jahre des 19. Jahrhunderts erschienen seine Romane in zahlreichen deutschen Übersetzungen. Ja, der schottische Romancier war bereits so populär, daß F. W. H. Häring (Willibald Alexis), seine beiden ersten Romane „Walladmor" und „Schloß Avalon" als freie Übertragung Scottscher Werke erscheinen ließ (Berlin 1823 und 1827). Und es hat lange gedauert, bis man die Täuschung entdeckte. Jedenfalls hatte sich Willibald Alexis die Vorzüge Scotts in hervorragender Weise angeeignet. Er brach mit dem oberflächlichen Gebahren seiner deutschen Vorgänger und baute seine Werke auf gründlichem historischem Studium auf. So liegt zwischen den beiden ersten Werken und seinem historischen Roman „Cabanis" ein Zeitraum von fünf Jahren, der freilich durch eine Reihe von Novellen angefüllt ist. Von diesen zeigen schon mehrere die Spuren seiner eingehenden Studien der brandenburgisch-preußischen Geschichte. In der Tat hat er den Charakter des Landes und seiner Bevölkerung, die „neuen Herren", das Werden und Streben der Städte in der Mark, den Adel wie das Bürgertum in der tiefgründigsten Weise erfaßt. Kaum könnte der Historiker selbst die Stimmung der Tage Markgraf Ludwigs und der Zeiten des Kurfürsten Joachim echter zeichnen, als es dem großen Talente Härings gelungen ist. Man sieht es seinen Werken an, wie er mit ernstem Wollen nach einem selbständigen Stil der historischen Darstellung ringt. Nicht um Gepränge mit altem Kram handelt es sich bei ihm, sondern um die Belebung des Ganzen und so steigt denn aus seinen Werken gleichsam ein frischer Erdgeruch auf. Zugleich aber beherrscht er mit Wissen und künstlerischem Blick den gesamten Zeitraum und seine historischen Porträts sind ihm über die Maßen gut gelungen. Was Echtheit der Farbe und Charakteristik anlangt, ist er von wenigen erreicht, wohl kaum von einem übertroffen worden. So war die Idee des Kaisers, in dem „Roland von Berlin" eine Volksoper zu schaffen, ein schöner und richtiger Gedanke. Daß aber der oberflächliche Komponist der „Bajazzi" den reizvollen Gestalten Will. Alexis' niemals gerecht werden konnte, das war leider längst vorauszusehen und die Ausführung hat die Befürchtung nur allzu sehr bestätigt.

Wie Alexis seine Leser in die graue und nebelumsponnene Mark, so lockte sie Wilhelm Hauff nach den sonnigen Höhen des Schwabenlandes. Was Alexis mit heißem Bemühen erstrebte, das fiel dem jungen Schwaben als reife Frucht in den Schoß. Auch sein „Lichtenstein" hat Farbe und ist doch mehr als „Württembergischer Lokalpatriotismus" und „sympathische Vertiefung in die heimatliche Vergangenheit", wie Scherer meint.

Eine der interessantesten Persönlichkeiten in der Reihe der Romanciers ist zweifellos Henry Steffens, der, Naturforscher und Philosoph, sich erst spät der schönen Literatur zugewendet hat. Man hat ihn seinerzeit über Walther Scott gestellt. Das ist wohl zu viel gesagt, aber er gehört zu den begabtesten Schriftstellern der Epoche. Jedenfalls hat er eins auch vor W. Scott voraus: Die prägnante Kürze im Ausdruck und in der Milieuschilderung, wodurch er kräftiger und selbst plastischer zu wirken vermag.[1] Es ist schade, daß der so ganz deutsch gewordene Norweger heute, wo seine Landsleute gerade bei uns ein so dankbares Publikum finden, fast gänzlich vergessen ist.

Dies Los ist heute auch dem Breslauer Franz Carl von der Velde zu teil geworden, der seinerzeit († 1824) einer der gelesensten Autoren gewesen. Auch er ist von W. Scott beeinflußt. Aber er hat sich nicht an die heimatlichen Stoffe gebunden, auch nicht an historische Treue. Immerhin hatten seine Erzählungen („Die Lichtensteiner," „Christine und ihr Hof," „Arwed Gyllenstierna," die „Eroberung von Mexiko") viel Farbe. Der Reiz lag vor allem in der rasch vorwärts schreitenden Handlung und dramatischen Entwicklung. Er verschmähte alle Detailmalerei, gab aber rasch und flott hingeworfene Porträts seiner Gestalten. Von tieferer Erfassung freilich ist bei ihm nichts zu finden.

Eine Stufe höher steht Carl Spindler, wohl einer der produktivsten Schriftsteller, den Deutschland je gehabt. Uns beschäftigen vor allem seine vier Hauptwerke: der „Bastard," der „Jude," der „Jesuit," der „Invalide." Wenn er in dem ersten, daß seinen Ruhm begründete, die Zeit der Gegenreformation wählte und ein Bild aus der Umgebung Kaiser Rudolfs II. gibt, so führt uns der „Jude" in die Epoche Kaiser Siegmunds und des Konstanzer Konzils. Man möchte dem Titel nach einen Tendenzroman vermuten; daß ist keineswegs der Fall! Ihm ist es um daß Erzählen zu tun und das versteht er in hohem Grade. Er bereitete jeden Roman mit großer Sorgfalt und eingehenden Studien vor, aber das Material drückt ihn nicht und er beherrscht den Stoff durchweg souverän, ordnet ihn aber den Gestalten selbst in gewandter Weise unter. Am besten zeigt sich sein Talent im „Invaliden," der in den Zeiten der französischen Revolution und Napoleons spielt. Es ist ein

---

[1] Seine hierher gehörigen Hauptwerke sind: die „Trauung", „Die Familien Walseth und Leith" (Breslau 1826), „Die vier Norweger" (Breslau 1828), „Malkolm" (1831), „Die Revolution" (1837).

vortreffliches Bild, voll Leben. und Frische, großzügig entworfen und mit feiner Plastik durchgeführt. Gerade in diesem Werke zeigt sich sein gesunder Realismus im besten Lichte. Auch die Gestaltung Napoleons weist feine charakteristische Züge auf. Es ist sein großes Verdienst, das er von seinem Bilde des großen Kaisers alle banalen und konventionellen Züge fernzuhalten vermochte.

Aber Spindler hatte nicht nur Leser, sondern auch Nachahmer gefunden, wie ja der historische Roman geradezu Modesache ward. Philipp Johann von Rehfues erregte Aufsehen durch seinen „Scipio Cicala." Auch Wilhelm Blumenhagen, Eduard Gehe, Daniel Leßmann, Karl von Wachsmann wurden viel gelesen. Durch die Romane Bernds von Gusek geht ein stark patriotischer Zug, der freilich auf die künstlerische Durchführung vielfach ungünstig wirkt. Ganz ähnlich Friedrich von Witzleben, genannt August von Tromlitz. Während aber jener zumeist die napoleonische Ära behandelte, wie in „Dentschlands Ehre 1813," „König Murats Ende", hat sich Tromlitz den dreißigjährigen Krieg als Arbeitsfeld erwählt. So schrieb er die „Pappenheimer", einen „Herzog von Friedland". Auch die Reformationszeit hat er mit Glück, aber ohne jegliche Vertiefung bearbeitet.

Auf den direkten Spuren von W. Alexis gehen Ludwig Storch und Otfried Mylius. Besonders Mylius, welcher sich seiner württembergischen Heimat zuwandte und in den beiden Romanen „Gräveneck" (1862) und „Die Irre von Eschenau" (1869) vortreffliche Arbeiten bietet aus den Tagen des Herzogs Karl Eugen. Der geschichtliche Charakter der Zeit, die leitenden Persönlichkeiten sind in die Handlung ganz vortrefflich eingeführt und auch die Erfindung entwickelt sich harmonisch auf der historischen Grundlage. Auch wo er den heimischen Boden verläßt, wie in den „Türken vor Wien" oder in dem Roman „Am Hofe der nordischen Semiramis," versteht sein Talent den Ausgleich zwischen Wahrheit und Dichtung zu geben.

Auf gleichem Boden, wenn auch nicht in der gleichen Weise hat sich Hermann Kurz entwickelt, der auch als Literarhistoriker, zumal als Shakespeareforscher sich einen Namen gemacht hat. Er ist der eigentliche Romancier des Schwabenlandes, der bei Hauff in die

Schule gegangen, und das schwäbische Leben und Treiben meisterhaft dargestellt hat. So sind seine kleinen Erzählungen gewissermaßen eine Kulturgeschichte des Schwabenlandes, ein Vorzug, der in seinen großen Romanen[2] nicht in dem gleichen Maße zur Geltung kommt. Aber sie verdienten recht wohl, auch heute noch gelesen zu werden, zumal die kleinen Geschichten aus der Reichsstadt Reutlingen und die „Denk- und Glaubwürdigkeiten," in denen das Haften an dem urkundlichen Material anders wirkt als im „Sonnenwirt."

Auf ganz anderen Pfaden wandelt Heinrich König, den man wohl auch den Begründer oder wenigstens Hauptvertreter des „historischen Tendenzromans" genannt hat. Ich glaube, nicht völlig mit Recht. Gewiß haben ihn seine Schicksale zum Kampf gegen alles, was den Fortschritt der Menschheit hemmte, angefeuert. Von der Kirche ausgeschlossen, vom Staate gemaßregelt, hat er sich seine geistige und seelische Unabhängigkeit gewahrt und mit rücksichtslosem Mute verfochten. In diesem Sinne wählte er seine Stoffe, und wir dürfen hinzusagen, mit außerordentlichem Glück. Nimmt er doch seine Helden aus jenen Perioden der Geschichte, die von gleichem Drängen und Fühlen erfüllt waren, wie er selbst, und so brauchte er ihnen nicht seine Ideen aufzudrängen. Auch war er viel zu künstlerisch veranlagt, als daß er die Entwickelung des Romans und seiner Personen darunter hätte leiden lassen.

Sein Meisterwerk sind die „Klubbisten in Mainz," ein Revolutionsbild voll Farbe und Leben, durchweg gut geschaut und mit echten Tönen gemalt. Das Rheinland ist unübertrefflich geschildert; er bietet eine kulturgeschichtliche Silhouette von unvergänglichem Reiz. Aber er geht vom Weiteren zum Engeren und während er dem Volkscharakter nach jeder Richtung gerecht wird, bietet er in den Hauptgestalten kraftvolle wahrhaftige Porträts. Zumal der eigentliche Held, J. G. Forster, ist ein Meisterstück: hier ist der Dichter zum Historiker geworden. Er hat ja – später – eine Biographie dieses ruhelosen und doch so edlen Geistes geschrieben, die noch heute von Interesse und von Wert

---

[2] „Schillers Heimatjahre" (1843) und „Der Sonnenwirt" (1855).

ist. Aber gerecht geworden ist er ihm schon in seinem Roman. Er ist es, der das Urteil spricht über das Alte und der Zeiten Erfüllung verkündet: der Träger der geistigen Ideen, welche den Grundgedanken des Werkes bilden. Aber auch die Vertreter aller Stände kommen zum Wort und werden in die Handlung gezogen. Dabei hat er aber die große Gefahr falschen Schematisierens glücklich vermieden und ist nirgends ins Konstruieren verfallen. Die Beziehungen zwischen Frankreich und dem Rheinland, der alte und der neue Einfluß, die Versunkenheit des alten Reichs, Philistertum und Freiheitsdrang des Volkes, all das tritt uns in seltener lebendiger Anschaulichkeit vor Augen. Es wollte etwas bedeuten, wenn er in diesem zweiten Revolutionsroman noch so frische, echte Farben hatte, nachdem er schon in seinem ersten Werke: „Die hohe Braut" damit so verschwenderisch umgegangen, ja vielfach allzu sehr. Gerade weil dieser Roman in einer ihm fernerliegenden Welt, in Savoyen spielt, hat er in der Darstellung des Volkslebens und des Anprallens der gewaltigen Revolutionswogen mit zu drastischen Mitteln gearbeitet, die freilich durch das Feuer seiner Phantasie und die Kraft seiner Darstellung gemildert werden, so daß er selbst outrierten Szenen den Schimmer innerer Wahrhaftigkeit zu geben vermag. Auch hier schon ist er von kraftvoller Eigenart. Wie stark diese ist, das zeigt sich am besten, wenn man seine „Klubbisten" mit dem „Alten Adam" des alten „Benzel-Sternau" vergleicht, mit dem er ja in Zeit und Ort und teilweise sogar im Stoss unmittelbar sich berührt. Aber wie unvergleichlich tiefer dringt König ein, wie viel kraftvoller und echter sind seine Gestalten, die niemals schemenhaft und nie durch falsche Idealisierung verblaßt sind. Zwischen der „hohen Braut" und den „Klubbisten in Mainz" liegt neben dem düsteren Gemälde der „Waldenser" ein Künstlerroman „William Shakespeare" (1850, so der Titel der zweiten Auflage), in welchem er den uralten Kampf des Künstlers zwischen „dem Schein des Lebens und dem Schein der Kunst" an dem Leben des gewaltigen Briten vor Augen führt. Ein Meisterstück der Charakteristik und psychologischer Durchdringung, ein Jungquell künstlerischen Empfindens. Man begreift, wie er von Shakespeare sich zu Georg Forster wenden konnte. Aber dann hat er sich in „König Jeromes Karneval" von solchen Problemen abgewendet und nun, mit guten, satten Farben die ganze Schalheit und Verlogenheit des Kasseler Königtums gezeigt. Für seine Kunst und für die Entwickelung des Romans bedeutet das Werk im Gegensatz zu seinen Vorgängern im Allgemeinen keinen Fortschritt. Aber in den Details finden sich bedeutsame Ansätze. So ist die Gestalt des Geschichtenschreibers Johannes von Müller mit feinem psychologischem Verständnis erfaßt. Auch die Situationen sind von künstlerischer Lebendigkeit. Aber man hat hier den Eindruck, daß ihn der Stoff beherrscht und nicht er den Stoff.

Gottschall nennt das Werk „ein Muster des Memoiren- und Anekdotenromans," der nun außerordentlich gepflegt wurde. Eine Flut von Nachahmungen ergoß sich auf den Büchermarkt, aus denen nur wenige über das Niveau glatter Mittelmäßigkeit hinwegragten. Einer aber, der freilich um mehr als ein Menschenalter jünger ist als König, ist ihm nahe gekommen: August Becker (geb. 1829). Doch war er schon frühzeitig mit seinen Novellen hervorgetreten, in denen er Land und Volk von Elsaß und der Pfalz trefflich geschildert und charakterisiert hat. Einen Schritt weiter tat er in dem Roman „Hedwig," welcher die Münchener „Lola"-Hetze in lebhafter Anschaulichkeit vor Augen führt. Aber vom „Tollen Jahr" wandte er sich zurück zu der großen Revolution. Sein Roman „Vor hundert Jahren" trägt den Stempel der Verwandtschaft mit König am deutlichsten. Übertroffen hat er freilich sein Vorbild auch hier nicht.

Doch kehren wir zu Königs Zeitgenossen zurück, so finden wir in Theodor Mügge ein kräftiges Talent, das durch gründliche Forschung und gesunden Realismus getragen eine Reihe von dankenswerten Romanen geschaffen. Die „Vendéerin" und „König Jakobs letzte Tage" sind stofflich stark und kräftig. Ihm steht am nächsten Adolf Stahr mit den „Republikanern in Neapel." Hier tritt die politische Tendenz, der Kampf für die liberalen Ideen des Jahrhunderts unverhüllt zu Tage. Am weitesten ging darin Julius Mosen, der sich durch seine liberale Begeisterung verleiten ließ, den „Congreß zu Verona" zu schreiben.

Aber es ist keine Frage, daß von diesen Arbeiten bis zu den Produkten der Louise Mühlbach nur ein Schritt war.

Auch Gußkow griff in diese Bewegung ein. Freilich seine beiden großen Romane „Die Ritter vom Geiste" und „Der Zauberer von Rom" sind nicht historische Romane im eigentlichen Sinne des Wortes: Vergangenheit, Gegenwart und Zukunft werden in der eigenartigsten Weise darin verquickt. Es ist der Geist der Humanität, der die Zeitläufe überbrückt. So knüpft denn Gußkow an die großartigen Geheimbünde früherer Jahrhunderte an: aber was diese durch Hilfe mystischer Geheimnisse zu erreichen suchten, die wahre, echte Humanität, das sollten die Ritter vom Geiste ohne diese Mittel finden. So führt er uns in das Berlin der Reaktionszeit zu Ende der vierziger Jahre und weiht uns in alle Probleme der modernen Zeit ein; die regierenden Persönlichkeiten sind vielfach mit Porträttreue gezeichnet. So kann dieser Roman in der Tat heute wohl als historischer gelten, nicht minder wie der „Zauberer von Rom," der und aus der protestantischen Welt des Nordens in den katholischen Süden versetzt. Er weist auf eine Versöhnung der lateinischen und romanischen Welt hin und bietet so zum Schluß, freilich als eine fata morgana, das erbauliche Bild, wie der letzte Papst „die Reform der Kirche im Geiste der reinen Liebe und Menschlichkeit in die Hände eines allgemeinen Konzils legt."

So interessant diese Versuche Gußkows an sich sind, so fehlt ihnen zweifellos die künstlerische Basis. Er fühlte das in seinen guten Stunden selbst und er hat sich auch von diesem Wagnis in das Zeitalter der Reformation geflüchtet. Es sind zum Teil Sickingensche und Huttensche Ideen, von deutscher Größe und deutscher Einheit, die er in dem Roman „Hohenschwangau" verarbeitet. Er zeigt die ganzen Vorzüge, aber auch die Schattenseiten des Gußkowschen Talentes.

Wie wenig sein Traum von der Versöhnung der Konfessionen berechtigt war, daß beweist niemand deutlicher als Konrad von Volanden. Lange Zeit haben dessen Tendenzromane einen recht unheilvollen Einfluß geübt. Päpstlicher noch als der Papst hat er Luthers Bild in der unkünstlerischsten Weise verzerrt, nicht minder Sickingen, Hutten und Gustav Adolf. Auch Friedrich der Große kommt nicht besser weg.

Die Verhöhnung des Preußenkönigs grenzt vielfach ans Ekelhafte. Volanden ist der Vorkämpfer gegen die Altkatholikenbewegung und zu diesem Zwecke ist ihm keine Waffe zu schlecht. Er hat sein Gegenstück in Eduard Duller (1809 – 1853), der freilich auf einer künstlerisch weit bedeutenderen Höhe steht, aber zur Klärung ist auch er nicht gelangt. Vortrefflich hat er indessen in seinem „Loyola" die Genesis des Fanatismus dargestellt.

Auch Heinrich Laube hat, nachdem er seinen gewaltigen Zeitroman „Das junge Europa" geschrieben und seine „Reisenovellen" veröffentlicht, sich der Historie zugewendet. Seine historischen Dramen „Die Karlsschüler" und „Essex" hatten lange Zeit ihr Publikum, Aber auch sein großer Romanzyklus „Der deutsche Krieg" war viel gelesen. Mit Recht! Er gibt ein klares, umfassendes Bild aus den Zeiten des dreißigjährigen Krieges. Seine Helden sind ja frei erfunden, aber er weiß sie mit außerordentlichem Geschick in Beziehung zu den leitenden Persönlichkeiten zu setzen. Der erste Teil „Junker Hans" führt uns die religiösen Irrungen und Wirrungen in Osterreich bis zur Schlacht am weißen Berge vor Augen. Wir werden mit dem jungen Helden nach Wien geführt, sehen die Kämpfe des Bürgertums, die Intrigen und Kabalen, wie sie sich in der Hofburg abspielen. In der Darstellung der bewegten Szenen ist er Meister: ein Glanzstück ist die Schlacht am weißen Berge.

Im zweiten Teile: „Waldstein" erreicht der Roman seinen Höhepunkt, während er im dritten Teile „Herzog Bernhard von Weimar" entschieden abflaut.

In dem zweiten Teile ist ein natürlicher Sohn Wallensteins der Held. Selbstverständlich tritt der Kondottiere durch die Wucht seiner Persönlichkeit stark in den Vordergrund. Das Ganze aber ist ein glänzendes, mit künstlerischen Mitteln durchgeführtes Kulturgemälde der Zeit, entschieden besser als es Gustav Freytag gelungen ist (1863 – 66.)

Diesem Werke gegenüber treten seine früheren Romane, von denen die fein angelegte „Gräfin Chateaubriand", die in der Zeit König Franz I. von Frankreich spielt, genannt sei, entschieden zurück, allerdings auch sein späterer Roman „Die Böhminger," wiewohl er in demselben die Reaktionsepoche schildert, die er ja selber miterlebt hat (1879.)

Hier muß auch Louise Mühlbach genannt werden. Freilich ihr Ruhm ist rasch erloschen und heute liest sie wohl niemand mehr. Mit einer Art von Freibeuterei ist die übrigens keineswegs unbegabte Schriftstellerin in das historische Gebiet eingebrochen. Sie hatte sich durch eine Reihe von sozialen Romanen einen mehr berüchtigten als berühmten Namen gemacht, um dann mit den Werken: „Die Tochter der Kaiserin" und „Die letzten Lebenstage Katharina's" auf das historische Gebiet abzuschwenken. In der Wahl der Stoffe hatte sie zweifellos eine glückliche Hand und sie hat es auch an Quellenstudien nicht fehlen lassen. Aber kaum hatten ihre ersten Romane aus dem Zyklus über Friedrich den Großen Anklang gefunden, so begann sie die Lesewelt mit einer Flut von Arbeiten zu überschwemmen. Kein Wunder, wenn sie dabei völlig verflachte und die Vorzüge ihrer früheren Werke allmählich verschwanden. Es gab kaum ein Gebiet der neuen Geschichte, das sie nicht heranzog, von Marie Antoinette bis Napoleon III., von Maria Theresia bis Erzherzog Johann. „Und wenn ihr nicht der Tod die Feder aus der Hand genommen hätte," so würde sie sich kaum mit dem einen Bande über „Kaiser Wilhelm und seine Zeit" (1873) begnügt haben. Sie hätte dann mit Gregor Samarow ein Kompagniegeschäft eröffnen können. Es ist beklagenswert, daß ihr Gatte, Theodor Mundt, auf sie so wenig klärend und beschränkend eingewirkt hat. Er hat ja selbst Zeit seines Lebens geirrt und seine historischen Romane „Thomas Münzer", „Graf Mirabeau" und „Robespierre" sind trotz guter Quellenstudien dichterisch völlig verfehlt. Aber er hat doch eine Fülle politischer Skizzen, zumal über die Zeit Napoleons lll. geschrieben, die zu dem Besten gehören, was an Gleichzeitigem über das zweite Kaiserreich geschrieben worden ist. So hätte er nach dieser Richtung hin jedenfalls seiner Gattin ein guter Mentor sein und ihr Talent vor völliger Preisgebung und Entwertung bewahren können.

Es war natürlich, daß die fleißige Gattin Mundts durch ihr Beispiel eine Menge von gleichartigen Machwerken ins Leben rief. Typisch für diese Art der Produktion ist John Retcliffe, der mit seinem „Sebastopol" sich rasch die sensationslüsterne Welt eroberte. Der Schaden, der dadurch an dem Geschmack der Lesewelt angerichtet ward, ist furchtbar. Und doch ist auch Oskar Meding (Gregor Samarow), diesem Beispiel gefolgt. Er hat ja einigen Anspruch auf historische Glaubwürdigkeit. Sonst aber ist seinen einst so viel gelesenen Romanen der Stempel der Armseligkeit und Talentlosigkeit aufgedrückt.

Eine seltsame Stellung nimmt Wilhelm Meinhold unter den Vertretern des historischen Romans ein, der sich noch der Gunst Goethes und Jean Pauls rühmen durfte. Die Tendenz ist aber gerade auf diesem Gebiet eine schlechte Wegweiserin. Der Pastor wollte auch als Schriftsteller der Orthodoxie eine Gasse bahnen. So schrieb er als treuer Sohn der Romantik die „Bernsteinhexe." Die Idee ist Erfindung. Aber das Milieu ist gut getroffen: es ist die Zeit des dreißigjährigen Krieges. „Indem sich Meinhold den Geistlichen jener Tage gewissermaßen innerlich verwandt fühlt, vermag er sich selbst völlig in den düsteren Ton der Zeit zu versetzen." Sein Werk ist dermaßen gut charakterisiert, daß es Jahre lang für eine Chronik des 17. Jahrhunderts galt.

Es ist bezeichnend, daß das seltsame Buch, das heute jenseits des Kanals als der beste deutsche Roman gilt, auf Veranlassung König Friedrich Wilhelms IV. gedruckt wurde. Es blieb freilich das einzige Werk von Bedeutung. Sein anderer Roman „Sidonia von Bork, die Klosterhexe," ist eine platte Nachahmung.

So haben diese alle für die Fortentwickelung des historischen Romans keinerlei Bedeutung gewonnen. Und indem auch auf diesem Gebiete wiederum eine Verflachung eintrat, mußte der Kontrast zwischen „Wahrheit und Dichtung," das will sagen, zwischen den großen und erfreulichen Fortschritten der Geschichtsschreibung und dem abgeflauten historischen Roman bei dem historisch gebildeten Leser denn doch zu stark wirken, als daß er sich mit solch verdünnter Kost begnügt hätte.

Bei den Werken Hauffs, Härings usw. konnte man sagen, dass sie der Kulturgeschichte gewissermaßen vorausgeeilt waren. Jetzt war das anders. Schon hatte die Geschichtsschreibung neue Bahnen beschritten und auch in der Darstellung zu künstlerischer Höhe sich emporgeschwungen. So blieb denn den Dichtern nichts übrig, als wiederum der Geschichtsschreibung Gefolgschaft zu leisten. Da war vor allem einer, der es mit Freude und Verständnis getan hat – Jos. Viktor von Scheffel. Sein „Ekkehard" ist ein Werk von unvergänglichem Reiz und unverwüstlicher Schönheit. Man sage nicht, das; hier der Antiquar zum Dichter geworden; es war vielmehr das Glück, daß der Dichter Antiquar werden und sich so tief in den Geist jener Epochen versenken konnte, daß ihre Gestalten unter seiner Hand neues Leben gewannen. Heute sucht man mit pedantischer Geschmacklosigkeit die alten Burgruinen wieder aufzubauen, um so dem historischem Sinn der Deutschen, man darf wohl sagen, die derbste Ohrfeige zu versetzen.

Aber unter Scheffels Händen erstand die alte "schicksalskundige" Burg, der „Hohentwiel," in seiner eigenartigen Schöne als die Hochwacht des Hegaus und in den Klostergängen von Sankt Gallen und Reichenau begannen die verblichenen Gestalten der Mönche wiederum zu wandeln, wie fast ein Jahrtausend früher. So bedeutete denn Scheffels Wert für den historischen Roman einen entscheidenden Fortschritt. Nicht als ob reicheres Wissen das Talent ersetzen könnte. Aber das „Sehen, sehen" hat er gleichfalls als erste Bedingung künstlerischen Schaffens aufgestellt und erfüllt. Er hatte ja leichtes Spiel. Denn in seinen Quellen pulsierte reiches Leben und die „Casus Sancti Galli" waren eine Fundgrube für den Dichter, der mit freudigen Augen dem mittelalterlichen Leben und Weben nachspürte. Aber er hat auch bewiesen, wie das Forschen in den Quellen für den Dichter ebenso notwendig ist wie für den Historiker selbst.

Das tritt deutlich zu Tage, wenn wir Gustav Freytags „Ahnen" mit dem „Ekkehard" vergleichen. Hier bei aller poetischen Freiheit der sichere historische Boden; dort die Konstruktion, welche mit der Geschichte gewissermaßen eine Gesellschaft mit beschränkter Haftung abgeschlossen hat. Und dabei ist festzuhalten, daß Gustav Freytag ganz zweifellos einer unserer ersten Historiker ist, der in den „Bildern aus der deutschen Vergangenheit" wie in einer Reihe kleinerer Arbeiten – ich erinnere nur an die biographische Studie über Karl Matthy – bleibende Proben seines Talentes gegeben hat. Aber ihm ward die Doppelgabe zum Verhängnis. Der ehemalige Privatdozent der Geschichte an der Universität Breslau hat in dem anziehenden bürgerlichen Roman „Soll und Haben" und in seiner Professorengeschichte „Die verlorene Handschrift" jedenfalls eine glücklichere Hand bewährt, als in dem historischen Cyklus der „Ahnen." Als ob nicht auch dieses Werk tausenden Freude und Erquickung geboten hätte. Ich lese es noch heute gerne und freue mich an der künstlerischen Reise dieses groß angelegten Werkes. Aber – trotz des geradezu vordringlichen historischen Charakters, trotz des geradezu vortrefflichen Zeitkolorits – ein historischer Roman ist es nicht. Es ist gute historische Genremalerei, aber eben doch nur Genremalerei. Auch da, wo er neben seinen Helden historische Gestalten einführt, und das geschieht in reichem Maße, dringt er in das tiefere Leben nicht ein. Das „Sehen" blieb ihm leider verwehrt.

Ebenso wenig wie jedes andere Kunstwerk verträgt der historische Roman das Konstruieren. Freilich liegt hier die Gefahr näher als sonst, aber umso ernstlicher muß sie vermieden werden. Schon die ganze Anlage ist im Grunde ebenso unhistorisch wie unkünstlerisch. Zweifellos war die Idee als solche groß gedacht und es gehörte ein starkes Talent dazu, sie bis zum Schlusse durchzuführen. Unter dem Brausen des großen Krieges von 1870 war ihm der Plan gereift, – aber in der Studierstube ist er ausgeführt worden. Es ist zuviel von einem Geschlechte, daß er eine Reihe von Helden liefere, die von der Urzeit bis in das neunzehnte Jahrhundert herein einander die Hände reichen und inmitten des wogenden Lebens der deutschen Geschichte wie lebendige Meilensteine stehen. Man hat wohl an dem ersten Teil „Ingo," der uns in die graue Vorzeit zurückführt, die Manieriertheit des Stils getadelt. Ich möchte dem nicht beistimmen. Es geht doch ein großer Zug und ein starkes historisches Gefühl durch das Werk, aber die Personen sind molluskenartig, es mangelt ihnen das starke pulsierende Leben, wie Schemen treten sie vor uns. Es fehlt eben das, was den Gestalten des historischen Romans unter allen Umständen anhaften muß, die Wahrhaftigkeit. Wir hören wohl den Rhein rauschen in jenen schicksalsvollen Tagen, da Cäsar Julian in der Schlacht bei Straßburg den gewaltigen Ansturm der Germanen noch einmal mit römischer Überlegenheit zurückwies. Aber Helden, wie sie ihm getrotzt, wie sie ihm erlagen, schauen wir nicht. Gewiß hat der „Ingo" etwas Anziehendes, aber das, was er sein soll, ein „Siegfried," das ist er nicht. Wie ganz anders tritt uns schon der zweite Roman entgegen, „Ingraban." Hier ist der Hintergrund ganz eigenartig gehalten und fesselt in hohem Maße. Dies Hineinwogen der slawischen Welt, die Bekehrung der Germanen, die Taten und die Werke des Bonifazius, all das sind Skizzen von historischem Charakter, aber es fehlt eben auch hier das Moment, welches den Übergang von der Historie zum Romane zu einem Fortschritt stempelt. Es ist ganz merkwürdig, wie hier, wo er völlig frei walten konnte, Freytag es nicht vermochte, jene Stimmung und Vertiefung zu erreichen, wie sie ihm in den „Bildern aus der deutschen Vergangenheit" so ganz ausgezeichnet gelungen ist. Das Ganze erscheint wie eine Fuge, in der die Themen bis zur Ermüdung durchgeführt werden. Überall die Ansätze zum Großen und doch nie die Vollendung. Welch frischer Hauch weht durch den dritten Teil, „Das Nest der Zaunkönige", wie echt germanisch ist diese Mutter der „Zaunkönige," die ihre Liebe über alles erhebt und allen Schrecken diesseits und jenseits des Grabes trotzen läßt. Wenn wir hier der Gestalt Kaiser Heinrichs II. begegnen und uns dieser außerordentlich plastisch gezeichneten Persönlichkeit erfreuen, die nicht bloß dichterisch, sondern auch historisch wahr erscheint, so müssen wir es beklagen, daß Freytag seine Hauptmühe nicht greifbaren Gestalten zugewendet und diese in die Mitte seiner Werke gestellt hat, an Stelle seiner erfundenen Helden. Es läßt sich eben über das historische Leben hinaus nichts Besseres erfinden und die Dichtkunst hat einen weit kräftigeren Zauber, als die Geschichtsschreibung, die Bilder Geschiedener zu wecken und uns rein menschlich näher zu führen. Ja, sie braucht oft nur in Farben auszuführen, was die Geschichte nur im

Schattenriß festzuhalten vermocht hat. Gerade in den „Brüdern vom deutschen Hause" wäre es ihm möglich gewesen, die Helden und die Handlung auf festes, starkes Fundament zu stellen. Ist doch Kaiser Friedrich II. eine Gestalt, die noch immer ihres Dichters harrt, so groß und gewaltig, daß an ihr die Kunst des Historikers fast versagt. Ich muß da Eduard Winkelmanns gedenken, der schon in jungen Jahren die Bedeutung dieses größten Deutschen in Südland erkannt und mit starker Leidenschaft an der Klärung dieser gigantischen Gestalt gearbeitet hat. Er hat selbst oft von dem tiefen Eindruck gesprochen, da er an dem Grabe dieses faustischen Fürsten in dem Dome zu Palermo stand. Aber bei Freytag nichts von alledem. Hier versagt der Historiker wie der Dichter. Und wenn er uns nun in seinem „Markus König" aus den Thüringer Bergen in das Ordensland Preußen führt, so verliert gerade dieser Teil des großen Werkes den historischen Charakter fast völlig. Es sind seine Szenen voll Duft und Reiz, aber der Ritt des Helden durchs deutsche Land ist gar zu handbuchmäßig und die markanteste historische Gestalt, Martin Luther, ist völlig verzeichnet. Wie machtvoll und in welch scharfen Umrissen tritt sie uns in Kleist's „Michael Kohlhaas" entgegen, wie fein erscheint er im „Wehrwolf", des Willibald Alexis. In den drei Werken ist er gewissermaßen der „deus ex machina" des griechischen Dramas, lösend und erlösend; aber Freytag, der ihn an anderer Stelle so echt und wahr gezeichnet, hat einen salbungsvollen, recht langweiligen Pastor aus ihm gemacht.

Aber noch waren die Schicksale seiner Helden nicht vollendet: sie mußten noch in dem Kostüme des dreißigjährigen Krieges, der Roccocozeit, der Befreiungskriege auftreten, bis der Roman im modernen Leben ausklingen durfte. Auch Freytag vermochte nicht, sich völlig in die Zeit des großen Krieges zu versenken: es sind einzelne charakteristische Motive, die er mit feinem Sinn erfaßt und mit behäbiger Breite bearbeitet. Aber Herzog Ernst der Fromme von Gotha stellt sich doch in Wirklichkeit größer, bedeutender und interessanter dar, als er unter seinen Händen geraten ist. Und ebenso finden wir im „Simplizissimus" kräftigere und plastischere Bilder der Zeit, als in dem „Rittmeister von Alt-Rosen." Die „Judith," der als Hexe ein furchtbares

Schicksal droht, ist ja eine tief ergreifende Gestalt und die Nacht vor der drohenden Gefangennehmung in der stimmungsvollsten Weise ausgemalt. Aber er hätte doch noch unendlich mehr geben können. Ich brauche bloß an Arthur Fitgers Drama „Die Hexe" zu erinnern, das uns ein wunderbares Zeitbild bietet von der Wirkung der „Friedenskunde" auf ein Geschlecht, das unter den Schrecken und Nöten des endlosen Krieges herangewachsen ist, das nun aufatmet und in dem Worte „Frieden" die Kunde einer neuen Erlösung empfängt. Solche Gestalten sind Freytag nicht geglückt, ebenso wenig wie er den Ton in dem Roman „Der Freikorporal des Markgrafen Albrecht" getroffen hot. Und doch, welche Fülle von Stoff, welche seltsam wirkenden Farben hatten ihm gerade für diese Periode zur Verfügung gestanden. Die Kontraste zwischen der Potsdamer Residenz und dem Dresdener Hose, wie lebensvoll und lebenswahr konnten sie dem Leser vor Augen geführt werden. Nichts von alledem.

Der Quell, der anfangs stark und kräftig daherstürmte, er fließt immer matter und fast nur noch tröpfelnd durch das ausgetrocknete Gestein. Freilich dann rüttelt ihn der Hauch der großen Zeit noch einmal auf und „In einer kleinen Stadt" hat er ein Stimmungsbild von seltener Schönheit gegeben. Es ist der Dichter von „Soll und Haben", der hier wieder zu Worte kommt. Die großen Gestalten aber werden nur von Ferne gezeigt, Napoleon huscht nur rasch in einem Schlitten über die im Dämmer gehaltene Bühne.

Der Schluß ist gewissermaßen nur skizziert. Es sind ihm noch einige historische Lichter ausgesetzt. Aber sie bleiben verschleiert und dringen nicht durch.

So ist das ganze bei all den großen und bleibenden Vorzügen verfehlt. Die Personen sind um des Milieus willen da: sie werden hineingestellt in jene Verhältnisse, die zu schildern und auszumalen sich Freytag die Aufgabe gesetzt hat. Der künstlerische Ausgleich zwischen Stoff und Werk ist nicht gewonnen, die Aufgabe des historischen Romans ungelöst geblieben. In dieser Beziehung hat er Willibald Alexis nicht erreicht, der durch die weise Beschränkung auf die „Heimatkunst" eben viel weiter in seine Epoche eingedrungen ist,

Land und Menschen in ihrer vollen Tiefe erfaßt hat. Und noch mehr. Er hat es recht wohl verstanden, ohne irgendwie die Tendenz hervorzukehren, gerade solche Stoffe zu wählen, die an und für sich seinen Zeitgenossen näher standen, als die historischen Puppen Freytags.

W. Alexis hat einen Schüler gefunden, der in jeder Beziehung seiner würdig ist: Theodor Fontane. Schon in der Ballade zeigt er seinen feinen historischen Sinn und bietet uns glänzende Bilder, mag er nun von den Helden und Schönen Schottlands singen oder uns seine geliebten Märker in ihrer biederen Art vorführen oder die jüngsten deutschen Taten verherrlichen.

In seinen historischen Romanen aber bewährt er ein feines Stilgefühl und der Historiker selbst kann darin viel, sehr viel von ihm lernen. Es sind die Zeiten der Napoleonischen Fremdherrschaft und der Befreiungskriege, in die er uns in seinem ersten Roman „Vor dem Sturm" versetzt. Das seltsame Leben und Weben, das damals in der Mark herrschte, diese eigenartige Vermischung von altem und neuem tritt uns deutlich vor Augen. Das ist echtes Treiben, das wir sehen, die Bilder sind wahr und plastisch und bis; ins Detail gut geschaut. Noch besser ist ihm die Schilderung Berlins und der Berliner vor der Schlacht bei Jena in dem „Schach von Wuthenow" gelungen. Unbarmherzig schildert er die Sünden jener Zeit, da man in maßloser Eitelkeit von dem Ruhme der großen Tage Friedrichs des Großen zehrte. Die ganze Hohlheit und Verlogenheit der Epoche wird uns offenbar. So zaubert er uns ein Geschlecht vor Augen das erst die Schule der Leiden durchmachen mußte, um geläutert einer neuen Zeit entgegenzugehen, die frei war von der oberflächlichen, verlogenen Sentimentalität, von der Enge armseliger Vorurteile und hartherziger Standesinteressen. Echt wie das Milieu sind seine Gestalten, ihre Gedanken und ihre Sprache. Noch lebenswahrer ist sein dritter historischer Roman „Unwiederbringlich," der uns in die große schleswig-holsteinische Bewegung hineinführt. Diese Zeit ist ihm vertraut, mehr als die der „Grete Minde," zu der ihn eine Chronik des 17. Jahrhunderts führt. Ein neuer Beweis, wie volle Vertrautheit mit dem Zeitraum Vorbedingung ist für den historischen Roman.

Mir fällt da ein Wort ein, das einmal Felix Dahn gesprochen: „Wie kann man über etwas einen historischen Roman schreiben, von dem man nichts Näheres weiß?" Ein sehr wahres Wort, das viele hätten beherzigen sollen. Auf ihn selbst trifft es natürlich nicht zu. Denn das Gebiet, das er sich als Romancier auserwählt, beherrscht er mit außerordentlich seltener Kenntnis. So mag es nicht Wunder nehmen, wenn er sie auch als Dichter verwertet hat. Vielfach, nicht überall, mit Glück. Jedenfalls handelt es sich hier um ein starkes Talent, das sich besonders in historischer Stimmungsmalerei bewährt hat. Vor allem fließt ihm der Vers wohllautend und kraftvoll zugleich von den Lippen. Und wenn er uns auf das Rosenfeld führt, das über König Manfreds Grab erblüht, so weht uns aus seinen Versen der ganze Duft jener großen Vergangenheit an. Er sagt es selbst, daß er als Balladendichter bei Fontane in die Schule gegangen. Und wie dieser hat er den Ton äußerst glücklich getroffen; er ist dabei in den Gefilden Schottlands ebenso zu Hause wie in dem Bruchland der Weichsel oder den blühenden Auen Italiens.

Als Romancier aber rühmt er sich, ein Schüler Walter Scotts zu sein und merkwürdiger Weise bleibt er vielfach an den Fehlern des Schotten haften, die seinem Talent und seiner Formkraft direkt wider streben. Denn er hat sich eine gewisse Form selbst geschaffen, die dann freilich in seinen letzten Werken etwas erstarrt ist. Aber was man an seiner Darstellung tadelt, die etwas breiten Schilderungen und die historischen Exkurse, das sind nicht Äußerungen seiner Eigenart, sondern die Konsequenz seiner Pietät gegen Scott und eines gewissen Pflichtgefühls, das ja in Dahns groß und umfassend angelegter Natur eine geradezu tragische Rolle spielt.

„Die Germanen nennen's Treue." Dies Wort des Tacitus darf man auf dieses Festhalten an der alten Form anwenden, die ganz stilwidrig wie ein altes Gemäuer aus einem sonst flott und eigenartig durchgeführten Neubau hervorragt. Sie widerstrebt seinem ganzen gesunden dichterischen Wesen, wie er ja z. B. seinen „Kampf um Rom" wegen des archäologischen Apparates seiner Zeit ins Feuer werfen wollte. Nur seiner Gattin Therese, der „herrlichen Nichte der Annette von

Droste-Hülshoff" ist es zu danken, daß uns dieses Werk erhalten blieb. Es hat wohl jeder eine Zeit gehabt, wo er mit glühenden Augen diese Apotheose der Ostgothen las und in der Tat pulsiert in dem Werke warmes Leben, wenn auch die Gestalten vielfach allzu sehr auf dem Kothurn einherschreiten. Aber der Reiz historischer Stimmung tritt in herzerfreuender Weise hervor. Ich brauche nur an die – und hier durchaus mit der fortschreitenden Handlung verwobenen – Schilderungen des alten Kaiserpalastes in Ravenna zu erinnern. Diese Ravennastimmung hat Böcklin'sche Farbenpracht. Seinen feinen historischen Sinn bewährt er aber auch dann, wenn er die Gestalten der Sage in den geschichtlichen Vordergrund treten läßt, wie den alten Waffenmeister des Königs Theoderich Hildebrand.

Überhaupt können wir gerade bei ihm dem Zusammenhang der Dichtung mit den geschichtlichen Quellen in klarer Weise nachgehen. Er sagt einmal selbst: „Ich sah die Sterne sinken, schon dämmerte der Tag, die Edda mir zur Linken, zur Rechten Saxo lag." Das ist charakteristisch für den Forscher, dem aus ernster wissenschaftlicher Arbeit seine poetischen Gestalten erstanden. Das ist echten Dichters Werk: wie er Procopius, den Geschichtsschreiber des Gothenkriegs, als handelnde Persönlichkeit einführt und in reizvoller Weise charakterisiert, so gibt er den Gestalten, die dieser nur in den schwächsten Umrissen gezeichnet, Leben; an Stelle matter Federzeichnung tritt kräftiges Kolorit. Es soll nicht geleugnet werden, daß er manchmal die Farben zu grell aufträgt, daß er Neigungen zum Bizarren hat und auch die Phantasie arbeiten läßt, wo die Wirklichkeit schon in voller Klarheit gegeben ist. Aber andererseits hat er aus den kurzen Bruchstücken des Priscus ein lebhaftes, lebensvolles Bild von Attilas Hof geschaffen. Denn selbst da, wo die direkte historische Grundlage fehlt, weiß er anziehende, historisch durchaus echte Gestalten zu bilden. Sie wachsen dann aus dem Milieu selbst heraus, wie vor allem seine „Felicitas" und seine „Bissula." Gewiß verfällt er dabei auch dem Fehler der Konstruktion, wie z.B. in seinen Batavern, wo sein Held Civilis noch mit der Todeswunde eine weite Wanderung machen muß, um am Grabe Armins zu sterben. Aber dafür ist sein „Karl der Große" aus dem vollen heraus geschaffen: da ist dem Dichter ein wahrhaft historisches Porträt gelungen. Wo er sich frei hält von einer gewissen Schillerschen Rhetorik, die ihm von Kind an anhaftet, da wirkt er echt und findet er den rechten Ton.

Ich brauche da bloß an sein historisches Lustspiel aus den Zeiten Ludwigs XV.: „Der Kurier nach Paris" zu erinnern. Dazu kommt sein feiner und frischer Humor, der so oft wahrhaft erfrischend wirkt. Wie reizvoll sind seine „Schlimmen Nonnen von Poitiers."

Freilich gehört Dahn mit seinen Werken einer Epoche an, über welche die Gegenwart schon hinausgetreten ist. „Andere Zeiten, andere Bilder." Er hat die Menschen als Dichter noch durch die Gläser des ausgehenden Klassizismus betrachtet und konnte die Fäden, die ihn mit den klassischen Vorbildern verbanden, nicht zerreißen. Auch der Historiker stellt sich andere Aufgaben. Gerade die Beschäftigung mit der neuen Geschichte hat die Methode gereift und psychologisch vertieft, wie Bernhard Erdmannsdörffer dies in so glänzender Weise ausgeführt hat.

Damit sind die Anforderungen des Realismus und der psychologischen Vertiefung auch für die Geschichtsschreibung Gesetz geworden. Und es ist eigenartig, wie auch darin, ganz ähnlich wie in der Periode Walter Scotts, der Dichter dem Historiker vorausgeeilt ist. So darf Konrad Ferdinand Meyer in gewissem Sinne als Lehrmeister der Historiker gelten. Je echter, je rein menschlicher uns seine Gestalten entgegentreten, umso mehr machen sie Anspruch auf historische Korrektheit. Wir dürfen es sagen: bei ihm erscheint die historische Dichtung in ihrer Vollendung. Schon in der kleinen anmutigen Dichtung „Huttens letzte Tage" hat er in schlichten, aber künstlerischen Linien ein Bild des so glänzenden und doch so tragischen Schicksals des streitbaren Helden von Schwert und Feder gegeben. Das ganze Leben Huttens zieht an uns vorüber: kein Zug ist übersehen, und kein Biograph hätte sein Innerstes besser enthüllen können, als dies der Dichter getan.

Noch keinem ist es so wie ihm gelungen, aus der Handlung selbst heraus im engsten Zusammenhang mit der stets hochdramatischen

Entwickelung den Geist einer Epoche vor den Augen des Lesers erstehen zu lassen. Er hat sich an die schwersten Aufgaben gemacht, die unter seinen plastisch gestaltenden Händen die dankbarsten wurden. Er suchte die Menschen, die unter dem Schutte der Vergangenheit vergraben lagen und hauchte ihnen heißes, feuriges Leben ein. Indem er sie uns innerlich vorführt, wird er zugleich der Geschichte selbst völlig gerecht. Aus Dichters Werk erblüht wie aus echter Forschung die Wahrheit. So sein „Jürg Jenatsch." Er hat den düsteren und leidenschaftlichen Kämpfer für die Freiheit Graubündens in seinem ganzen Werdegang gezeigt: zuerst als Prediger der neuen Lehre, der sein junges, unschuldiges Weib in der Mordnacht zum Opfer fällt, dann als Abenteurer im Dienste Venedigs, bis er sein Schicksal mit dem des Herzogs von Rohan vereinigt. Aber auch diesem bricht er die Treue um seines Bündens willen. Den Glauben schwört er ab, den Herzog verrät er, und zwischen ihm und der Geliebten seiner Jugend schwebt der Schatten des ermordeten Vaters, dem die kühne Tochter des Hauses Planta Sühne gibt, wie dem ruhelosen Geliebten die Ruhe: – sie erschlägt ihn mit der gleichen Axt, der einst der Vater erlegen. Der „Jürg Jenatsch" ist als Roman ein Kunstwerk und zugleich eine Biographie des Bündners.

Ich möchte seine Werke überhaupt den künstlerischen Niederschlag des historischen Jahrhunderts nennen. Er wird allen Zeitaltern gerecht, und jeder Szenerie. Wie echt ist das Bild aus dem karolingischen Rom, da er uns den Kaiser Karl auf den Stufen von Sankt Peter zeigt, inmitten seiner Helden und seiner Palastschule. Er führt ihn mit höchster Unmittelbarkeit und innerer Wahrhaftigkeit vor Augen. Die ganze Novelle „Die Richterin" atmet den Geist jener Tage, es ist alles so echt: das Schloß Malmort mit seiner Herrin, die schließlich ihre Schuld vor den Augen des großen Kaisers bekennt und sühnt.

So trägt seine Muse stets die ernsten Züge der Klio, sie ist ihm Geleit: und als der Geweihte sieht er die Taten der Menschen vorüberziehen. Dann hält er sie mit einer raschen poetischen Skizze fest. Aber in wenigen Zeilen sagt er alles, bietet er ein Bild, das von Wahrheit leuchtet. Keiner wie er hat die Tiefe der historischen Poesie so voll erfaßt.

Je dämonischer die Gestalt, umso mehr lockt ihn die Aufgabe, sie uns menschlich näher zu bringen. Wie zeigt er uns den Dichter der göttlichen Komödie in der Halle Cangrandes von Verona – nicht als den Wanderer durch das Tal der Schrecken, sondern im Kreise des Hofes, dessen Persönlichkeiten er in eine wunderbar aufgebaute Erzählung verwebt. Das Manuskript der „divina comedia" bleibt oben in der kalten Stube des Meisters liegen, die er verlassen, um sich am Herde der Halle zu wärmen. Die Erzählung ist des großen Dichters würdig, erschütternd und doch versöhnend durch die innere Wahrhaftigkeit. In dieser „Hochzeit des Mönchs" aber hat K. F. Meyer das Geheimnis seines eigenen Schaffens gewissermaßen enthüllt. Es sind Menschen mit Fleisch und Blut, wie sie ihm vor Augen treten, die er nun zum Kunstwerk verarbeitet. Dadurch vermögen sie auch uns dermaßen zu fesseln. Nicht er versenkt sich in die Vergangenheit, sondern er ruft sie und ihre Geister zu sich, dem Lebenden, er läßt sie denken und fühlen, wie sie es müßten, wenn sie in unseren Zeiten lebte. Dann erst weist er ihnen ihre Stelle ein in dem Kunstwerk, in welchem sie nun nicht eine konventionelle Rolle spielen, sondern das wirklich sind, was sie ihrer ganzen Entwicklung nach sein müssen. So tritt uns in der feinen Novelle „Das Amulett" der Admiral von Coligny mit wundersamer Porträttreue entgegen. Aber auch das ganze Paris der damaligen Zeit mit seinem unseligen König, mit seinen leidenschaftlichen Mönchen. Und was sie sprechen, was sie tun, das ist so ganz aus der Situation heraus, von unmittelbarer Notwendigkeit. Und doch ist es nicht der Historiker, sondern der Dichter, der zu uns spricht. Gerade auch in der Charakterisierung seiner Gestalten. Nichts von breiter selbstgefälliger Gelehrsamkeit, alles ist Handlung und alles Poesie. Wie echt auch der Hof Ludwigs XIV. in den „Leiden eines Knaben!" Das stille behagliche Milieu bei Madame de Maintenon, wo sich der alternde König zur Dämmerstunde einfindet und die alt gewordene Geliebte mit den „gouvernantenhaften Zügen" ihn zu unterhalten sucht. Und da erfährt er ein Stück Jesuitengeschichte, so wahr, so echt, wie man's nicht in dicken Bänden darzustellen vermöchte. Nicht gehässig! Auch hier Licht und Schatten gerecht verteilt, wie im Leben allenthalben. In dem Père Tellier die ganze Rachsucht und Tücke des Jesuiten, der in dem Sohne die angeblichen Sünden des Vaters rächt und ein edles Kind in den Tod treibt. Das ist alles so echt, so wahr und der Leser ist mitten in die ganze Situation versetzt. Es ist die große Bühne der Geschichte, auf der sich die Schicksale grausam, aber naturnotwendig vollenden, ohne Phrase und ohne unechten Prunk, – das wahre Kunstwerk.

Nirgends merkt man seinen Arbeiten die eindringenden Quellenstudien an. Wie gewaltig flutet an uns die Geschichte Thomas Beckets vorüber und doch abgetönt durch die Erzählung selbst aus dem Munde des schlichten Mannes, der, ein Zeuge der gewaltigen Ereignisse, einfach, aber mit der vollen Eindrucksfähigkeit des Augenzeugen berichtet. Dadurch gewinnt das Bild den passenden Rahmen, der an sich selbst künstlerisch durchgearbeitet ist. Der Dichter aber ist von aller Qual der Übermittlung befreit. Er verzichtet auf den Ruhm des eigenen Wissens und tritt völlig in den Hintergrund. Und wie fern ist er dabei von der Schablone! In der „Hochzeit des Mönchs" und in „Plautus im Nonnenkloster" führt er literarische Größen vor, denen er sein Werk gewissermaßen in Demut abtritt. Wie wirkt er z.B. in letzterem durch den Kontrast: es ist der berühmte Gioggio, der inmitten der lichten und lebensfrohen Gestalten des medicäischen Kreises die Geschichte von der „blonden Barbarin" erzählt, die er selbst, indem er ein frommes Trug- und Heuchelspiel entlarvte, dem Leben und der Liebe zurückgegeben.

Aber auch da, wo er auf solche Einkleidung verzichtet, gelingt ihm die „mise en scéne" meisterhaft. Den Historiker wird in diesem Sinne am meisten seine „Versuchung des Pescara" interessieren. Sie erscheint freilich von allen seinen Werken am meisten konstruiert. Und doch ist sie von erschütternder Wahrhaftigkeit. Es ist der Aufschrei Italiens, das sich nach Freiheit und Selbständigkeit sehnt. Und nur ein Feldherr ohne Gleichen vermöchte dieses Werk zu vollbringen. Aller Augen richten sich auf Pescara. Der Papst sucht ihn durch die Gattin, die edle und herrliche Vittoria Colonna zu gewinnen und weckt in dem Herzen der wunderbaren Frau alle Geister von Größe und Ehrgeiz. Und so eint sie sich dem verschlagenen Kanzler Morone zur Versuchung ihres Gatten, der seit der Schlacht von Pavia die Todeswunde trägt. Es ist die Komödie, „der Tor und der Tod", in der der tot geweihte Held seine Rolle zu Ende spielt. Das ist die historische Dichtung, wie sie sein soll. Man vernimmt den dröhnenden Gang der Weltgeschichte, aber man hört nicht minder deutlich die Herzen dieser großen Menschen schlagen. Es sind aber Menschen, von denen Wagner sagt: „Wir haben es mit den Menschen zu tun, mit welchen, je hervorragender sie waren, die Geschichte zu keiner Zeit etwas anzufangen wußte: ihre Überschreitungen des gemeinen Willensmaßes, zu denen eine leidensschwere Notwendigkeit sie drängt, sind es, was uns einzig angeht und die Welt mit ihrer Geschichte und soweit übersehen läßt, daß wir sie vergessen, – die einzig mögliche Versöhnung des Sehenden mit ihr."

Und wenn Wagner spricht, daß in solcher Behandlung des Stoffs Wallenstein zum reinen Helden, Gustav Adolf aber zum Räuberhauptmann wird, so hat K. F. Meyer ja auch diesen in seiner Novelle „Gustav Adolfs Page" meisterhaft gezeichnet. Der protestantische Held voll tugendlicher Reine, umgeben von der hohen, leidenschaftlichen Liebe eines jungen, tapferen Mädchens, das als sein Page ein Leben voll Sorge und Glück genießt und schließlich das Los findet, das es begehrt, eine Kugel und den Tod an seines geliebten Helden Seite. Eine Arbeit von hoher dichterischer Feinheit und duftiger Sinnigkeit.

Denn er wird den Frauen in gleicher Weise gerecht wie seinem Helden. Das ist ja überhaupt eine Gefahr für den historischen Roman. Gewiß wird der Held meist ins rechte Licht gesetzt: aber die Frauenbilder werden von den fein herausgearbeiteten historischen Gestalten stark abstechen. Wie anders bei K. F. Meyer. Wie ist ihm die Maintenon gelungen! Wie strahlt von seiner Vittoria Colonna ein Glanz aus, der uns diese herrliche Gestalt des Cinque Cento in berauschendem Lichte zeigt. Und das Schönste, was er in diesem Sinne geschaffen, ist seine „Angela Borgia," die nicht minder schöne und bezaubernde Nichte der Lucrezia.

Das Haus der Borgia hat ihn ja ungemein gefesselt und wir besitzen eine Reihe von poetischen Studien über den Vater und Sohn. Aber auch Lucrezia ist ihm wunderbar geraten. Wie dunkle Wolken auf tiefblauem Himmel, so wirkt das düstere Bild aus dieser lichthellen Welt der Renaissance.

So hat denn das Jahrhundert, das man mit Recht das historische genannt hat, auch auf dem Gebiete des historischen Romans eine Blüteperiode gezeitigt und zugleich eine Steigerung in der Auffassung und in der Technik herbeigeführt. Die Fortschritte in der historischen Methode sind auch der Dichtung selbst zu gute gekommen und zwischen Ranke, Erdmannödörfser, Lenz, Marcks und Konrad Ferdinand Meyer besteht eine Wahlverwandschaft, die nicht aus Quellengemeinschaft, sondern auf eine Gemeinschaft historischen Empfindens und Erfassens zurückzuführen ist. Aber die Errungenschaften, die zumal auf dem Gebiete der neueren Geschichte gemacht worden sind, werden methodisch erst auf die früheren Perioden übertragen werden müssen und das wird auch auf die Stoffwahl der Dichter wiederum eine Wirkung üben. Wir sind ja noch gar nicht davon losgekommen. Denn die Werke Dahns behaupten heute noch ihre Popularität und auch Freytags „Ahnen" finden sich noch auf dem Weihnachtstisch für Jungfrau und Jüngling. Und auch die Oper folgt noch den frischen unvergänglichen Spuren des Meisters von Bayreuth und wählt jenes Grenzgebiet, wo Sage und Geschichte mit scheinbar losem, aber dennoch unzertrennlichem Bande aneinander geheftet sind. Warum sollte es einem begabten Dichter nicht gelingen, jene seltsam schweifenden und schwankenden Gestalten, die aus der Urzeit hereinragen, zu bannen und mit Leben zu erfüllen, zu Wesen von Fleisch und Blut zu gestalten? Es kommt nur auf die innere Wahrheit an: die kulturgeschichtliche Forschung bietet Stoff genug, dem neuen Leben neuen Hintergrund zu geben. Das Volk weiht seine Helden der Sage, die doch nur der rosenhagumhegte Friedhof historischen Lebens ist, die Dichtung vermag sie wieder in die Welt der Wirklichkeit zurückzuversetzen. Mit den Klängen des „Singschwans" tritt der Deutsche in die Geschichte, sagt der prosaische Müllenhoff und weist in jenen Urwald germanischer Poesie, wo die gesunden, starken Kräfte historischen Werdens vergraben liegen. Wer wirkliches Leben überhaupt zu schauen vermag, der wird auch die Gestalten richtig erfassen, nicht in dem falschen Lichte romantischen Ahnenkults, sondern in der nackten Blöße eines echten und gesunden Naturalismus. Welche starken Motive treten da hervor: die Rohheit gebärende Not, Vaters Not und Mutterweh, krasser Egoismus, den noch kein Evangelium beseitigt, daß volle Menschentum, wie es Rousseau vorgeschwebt und wie es Wagner zur Göttlichkeit verklärt hat. Der Wanderer aber in jenen Urwäldern wird Asgard nicht schauen, jedoch das Menschliche wird ihm gewaltig entgegentreten, wuchtig und furchtbar wie der Urwald selbst mit Baum und Schlinggewächs und seinem Getier.

Auch die ersten historischen Zeiten, über die uns die römischen Schriftsteller berichten, harren der Rekonstruktion durch den Dichter. Freilich Armin und Marbod haben ihren Shakespeare gefunden. Aber auf den Stätten, da germanisches und römisches Leben sich berührten, da liegt noch viel echtes poetisches Gold verborgen und harrt des Schatzgräbers, der den Hort kundig zu heben weiß.

Und verdiente nicht jener kühne Massalier Pytheas, der uns die erste nähere Kunde über den germanischen Norden gebracht, selbst dichterische Behandlung? Die Kühnheit des Mannes, der bis zu den Anfängen des Eismeeres vorgedrungen, hat etwas anziehendes, seine Fahrt, über die wir wie über sein Werk durch Strabo und Ptolemäus unterrichtet sind, dünkt uns ein mächtiges und bedeutungsvolles Abenteuer. Und wen mutet nicht das tragische Geschick der Kimbern und Teutonen, welche mit ihrem Untergange den Weg gebahnt, mächtig an, wie schon Plutarch, der unser bester Gewährsmann ist für die gewitterschwüle Episode, der wuchtenden Größe dieser kindischtörichten Helden sich nicht zu entziehen vermochte. Aber hier liegt mehr historisches Leben begraben, als der Historiker zu wecken vermag. Der Dichter kann hier Gestalten und Gewalten heraufbeschwören, die mahnend und groß den Eintritt der Deutschen auf den schicksalvollen Schauplatz der Weltbühne bezeichnen.

Den Kämpfen Cäsars mit den Galliern hat Konrad Ferdinand Meyer zwei Ideen von hoher Kraft und Weihe entnommen und gezeigt, wie das sehende Auge jenes Werk des Gewaltigen betrachten muß. Und die tausendfachen Berührungen der germanischen und römischen Welt, von den ersten Anfängen bis zu dem Augenblick, da die gewaltige Masse des Germanentums hereinbrach über die antike Welt, jenes

Ringen zwischen Kraft und Kultur – er ist ein Lied, das noch lange nicht zu Ende gesungen, wenn überhaupt schon der richtige Ton dafür gefunden worden. Freilich hat Felix Dahn mit dichterischer Kraft das alte Salzburg vor unseren Augen erstehen lassen, er hat in seiner „Bissula" jene germanisch-römischen Kämpfe am Bodensee gezeigt, in seinem „Julian" dem Helden gerecht zu werden versucht, der mit höchster Kraft den Ansturm der Alemannen und Franken über den Rhein noch einmal aufgehalten, in jener Schlacht bei Straßburg, deren düsteres Getöse ja auch in Gustav Freytags „Ingo" von fern herein klingt. Fühlte sich doch der Geschichtsschreiber jener Tage Ammianus Marcellinus selbst durch seinen Helden zu höherem Schwunge begeistert. „Ein größeres Werk beginne ich," sagt er, „eine höhere Ordnung der Dinge tritt mir entgegen mit Julian. Der Geist einer erhabenen Natur hat diesen Jüngling geleitet von der Wiege bis zum letzten Lebenshauch." Aber wie Ammianus sich für den „letzten Römer" begeistert, so hat er auch dem deutschen Strome seinen Tribut bezahlt und seine Schilderung von dem Oberlaufe des Rheins ergreift uns mehr als Geibels Hymnus:

„O Sohn der Alpen, in krystall'ner Wiege
Genährt von Gletscherbrüsten, heilger Rhein!"

Hier erschließt der Historiker dem Dichter eine neue und eigenartige Welt.

Die Zeit der Völkerwanderung freilich ist das Arbeitsfeld Felix Dahns, das er nach allen Seiten hin durchfurcht hat: die Westgoten nicht minder wie die Ostgoten, die Vandalen und die Franken haben ihm seine Helden und Heldinnen, seine Intriganten und Walandine geliefert und er hat Gestalten geschaffen, die trotz des Kothurns, auf dem sie einherschreiten, uns menschlich nahe stehen. Und doch bietet sich hier noch eine Fülle dichterischen Stoffes dar. Ich möchte nur an eine Gestalt erinnern, die zu den herrlichsten der großen Epoche gehört und trotz mancherlei Versuchen noch der Belebung harrt. Es ist Sankt Severin, der Freund Odovakars. Von überwältigendem Einfluß auf seine Zeitgenossen muß er auch heute noch in seiner Schlichtheit und stillen Größe auf uns den tiefsten Eindruck machen. Er gehört zu den Persönlichkeiten, die abseits stehen vom Wege des alltäglichen Lebens und die doch durch ihre rein menschliche Größe zum Führer und Propheten werden. Es ist nur Episode, aber doch ein Bild von überwältigender Wirkung, wenn wir vor der stillen Zelle Severins Odovakar knien sehen, in ärmliche Felle gehüllt, da er vor dem Zuge nach Italien den Heiligen um seinen Segen anfleht. Und der seine Menschenkenner schaut ihm ins Herz und ahnt die Bedeutung des unscheinbaren Jünglings, den Not und Tatendrang wie so viele Tausend andere nach dem Süden treibt. Eugipps Lebensgeschichte enthüllt so nicht bloß das Leben des Heiligen, sondern eine ganze Welt, die inmitten des Wogens der Völker wie eine blühende Insel, bewohnt von echten, guten Menschen, uns anmutet.

Auch in den fränkischen Heiligenleben, von denen freilich kaum eines auf der Höhe des Eugippischen Werkes steht, lernen wir eine Welt für sich kennen. Hier findet der Dichter festen und noch keineswegs ausgebeuteten Boden, wenn auch die großen Schicksale gewissermaßen durch Dahns Romane erschöpft sind. Gregor von Tours bietet reiche Anregung, trefflichen Stoff. Hat doch aus dem Buche des ehrenwerten Bischofs auch Grillparzer die Fabel zu seinem seinen historischen Lustspiel „Weh dem, der lügt," gewonnen, das uns das Heidenland der Germanen in anmutiger Satire erschließt. Überhaupt wird das Auge, das sich von dem blutigen Schicksale dieses zweiten Atridengeschlechts der Merowinger abwendet, in der Geschichte der Franken, in der Mischung germanischen und keltisch-romanischen Wesens eine Welt finden voller Kontraste, die durch die Wechselwirkung der heidnisch-christlichen Anschauungen, durch die unerschöpfliche Fülle erheiternden Aberglaubens zwiefach anmutet.

Wie Gregor von Tours für die Frankengeschichte, so kann Paulus Diakonus für die Langobarden dem Suchenden ein guter Führer sein. Freilich König Alboin und seine Gattin Rosamunde sind von der Sage wie von der Dichtkunst längst mit Beschlag belegt, die Zahl der Bearbeitungen der Rosamundensage ist Legion. Aber noch keiner hat die Bedeutung der Langobarden für die künftige Entwickelung des geistigen Italiens richtig erfaßt. Und doch wären Gestalten wie Dante und Michelangelo, ja das ganze Cinque Cento nicht möglich gewesen ohne diese starke, germanische Grundlage. Hier setzt des Dichters Arbeit ein. Die trotzige Entwickelung des italischen Städtelebens, die ungewollte und doch unaufhaltsame Verschmelzung germanischen Wesens mit den vorhandenen kulturellen Gewalten, das Werden dieses neuen Menschenschlags, der sich zu der ganzen Größe und Ungebundenheit der Renaissance zu steigern vermochte, all das bietet Boden und Milieu für große menschliche Schicksale, die aus echten Keimen erspießen, für starke Menschen, die dennoch leiden unter dem Zwiespalt dieser werdenden Welt. Und wie die historischen Beziehungen über die Alpen nach Norden und Westen, und über das Meer nach dem glänzenden Byzanz reichen, so ziehen sich nach allen Winden auch die kulturellen Fäden, die nie glatt werden, ohne daß in sie menschliches Schicksal, mit Leid und Lust hineingesponnen wird. Und wo das Christentum eingreift in die Geschichte der Völker, da neut sich das Drama von Golgatha selbst, wenn auch in anderer Form; und seinen ernsten Sendboten darf der Historiker wie der Dichter die Krone des Märtyrers aufs Haupt drücken. Und wo diesen die Kleriker folgen, da wird aus dem Drama die wildeste Komödie, nicht selten auch ein feines Lustspiel und die Typen des Brandtschen Narrenschiffs finden sich schon um ein Jahrtausend früher und gucken aus den Zellen auf ihre weltlichen Kameraden. Aber auch tief ergreifende innere Tragik und seelische Größe entfaltet sich innerhalb der Klostermauern, an denen das Leben der Völker selbst mit gewaltigen Wogen brandet. Hier endet so manches Schicksal in Ruhe oder in Verzweiflung: wie denn der Name des letzten Merowingers in den Totenlisten eines Klosters erlischt. Aber der Kampf, den das Geschlecht durch seine überschüssigen Kräfte entfesselt, wühlt, durch Zwist und Schwäche genährt, das ganze Frankenreich auf. Dahn hat in „Chlodovech", „Fredigundis" und „Ebroin" die Höhepunkte dieses Ringens gezeigt, in welchem der Ungestüm der weltlichen Großen, die Streitbarkeit der herrschsüchtigen Bischöfe in eigenartiger Beleuchtung uns vor Augen treten.

Und es schien, als ob die Karolinger die gleichen blutigen Bahnen wandeln sollten, wie die Merowinger, die am Erlöschen waren. Auch hier gewaltige Gestalten, die im wilden Ringen emporstreben, neben klugen und klaren Männern, die ruhig und sicher ihren Weg gehen. Und es ist seltsam, wie die Frauen auch in dieser sturmbewegten Zeit das Steuer führen. So jene Ansfleda, die Witwe Warattos, des Majordomus, die ihrem Schwiegersohne Verchar den Pfad geebnet, um ihn dann selbst seinen Mördern auszuliefern, und Drogo, Pippins ältestem Sohne, die Hand zu reichen. Und dessen Bruder fällt der Rache der Friesen zum Opfer. Mit Teutlinde, der Tochter des Friesenfürsten Radbot vermählt, wird er von Nantger im Dom zu Lüttich ermordet. Und nicht bloß nationaler Haß hatte dem Mörder den Dolch geschärft. Religiöse und persönliche Motive trieben ihn zur Tat.

Aber auch Plektrudis, Pippins Gemahlin, die Genossin und Gefährtin seiner Taten, ist ein Charakter von seltener Eigenart. Und ihr ganzer Haß trifft jenen Karl, den Chalpaide einst in erster Ehe Pippin geboren. Die Quellen rühmen Adel und Schönheit der Mutter des Helden, den sie „den Hammer" getauft. Gegen den Sohn der Feindin wendet sich Plektrudens Groll. Sie verhetzt ihm die Männer und beschwört ihm heiße Kämpfe herauf, bis er endlich nach langen Nöten Sieger bleibt über die Stiefmutter und deren Helfershelfer. Aber der Sieger über die Feinde des Reiches, daß er wieder erneuert, der Retter der abendländischen Kultur muß die Tücke der Frauen fühlen im eigenen Hause. Aus Bayern führt er Swanahilde an seinen Hof, die Nichte des Bayernherzogs Odilo. Sie gebar ihm Griffo und um dieses Sohnes willen erregt sie dem Gatten nun Feinde, vertreibt ihn aus Paris und übt Ränke aller Art. Und Griffo war ihr Sohn und schuf sich sein unseliges Schicksal selbst. Aber auch Karls Sohn Karlmann tritt vom Schauplatz ab und sucht Trost und Friede in Klostermauern. Die Sage hat sich dieser Gestalt bemächtigt, für den Dichter bedeutet sie ein eigenartiges Problem. Sie steht nicht allein. Wir brauchen bloß auf Bonifazius hinzuweisen. Noch keiner hat ihn, so oft er besungen sein mag, in seiner ganzen rein menschlichen Bedeutung dargestellt, in seinem inneren Ringen, in der grenzenlosen Enttäuschung, die ihm von Rom aus bereitet wurde und ihn in den Tod trieb.

Die ganze Zeit voll eigenartiger Gegensätze, in lebhafter Bewegung: die großen weltbewegenden Beziehungen zum Papsttum, die aquitanischen und langobardischen Fragen, das starke Hereindringen byzantinischer Einflüsse. Überall ein frisches Keimen und Werden! Der Moment, wo sich der Umbau zum Weltreich vorbereitet! Und dazu im Hause der Karolinger selbst wiederum eine Frauengestalt: Bertha, die Mutter Karls des Großen, um welche die Sage ihr duftiges Geranke gezogen hat. Doch gerade sie böte dem Dichter eine dankbare Aufgabe: nicht als die brave Hausfrau, deren rechter Fuß größer durch das rastlose Treten des Spinnrads, wie späte Sage sagt, sondern als die königliche Mutter, welche ihren Söhnen die Wege weist, die freilich Karl nicht gehen will. Die Mutter spricht „von friedlichen Eroberungen", der Sohn von Blut und Eisen. Aber gerade das Verhältnis der beiden Brüder zur Mutter ist eine Episode, welche die Sage fast ignoriert, die aber dichterisch äußerst dankbar wäre: die Haltung Berthas zwischen den beiden Söhnen, ihre Fahrten nach Italien zu Desiderius, die Anknüpfung mit Tassilo – kurz und gut ihr Wirken unter einem großen Gesichtspunkte, das des Papstes Eifersucht zu vereiteln sucht, müssen den Dichter interessieren wie den Historiker.

Den späteren Karl hat ja die Sage völlig umsponnen. Und doch ist er dichterisch nicht erschöpft. Ich brauche bloß an Dahns „Bis zum Tode getreu" und K. F. Meyers „Die Richterin" zu erinnern. Hier ersteht der gewaltige Kaiser in seiner ganzen menschlichen Größe. Es ist ein Bild von grandioser Wirkung, wenn Karl wenige Tage nach seiner Krönung mit seinen Getreuen auf den Stufen von Sankt Peter erscheint; und auch das ist ein schönes Bild, wenn der greise Held durch den Schnee des Sachsenlandes trabt: „Wir kennen den Sachsenschnee, weiß und rot." Als „Haupt- und Staatsaktion" werden Caroli Leben und Taten nicht wirken. Aber der leidenschaftliche Held bietet eine solche Menge menschlicher Züge und menschlicher Taten, die mächtig anziehen müssen, Wie mannigfaltig ist sein Hof, wie sucht er alle Fäden kulturellen Lebens hier zusammen zu knüpfen; und wenn die Sage von Eginhard und Emma sagt, so singt uns Angilbert von Karls Hof und den Jagden in den tiefen Waldesgründen, von freudiger Rast im schattigen Grün, und er selbst freut sich der Liebe und höchsten Gunst von Karls Lieblingstochter Bertha. Die Sage weiß von Paladinen mit Schwert und Schild, der Dichter wird hier Menschen finden und beleben. Gerade die Konflikte in des Kaisers Brust, seine Idee vom augustinischen Gottesstaat und sein weltfroher Mut, seine Frömmigkeit und seine Herrenstellung über dem Bischof von Rom: das sind Gegensätze, die zeigen, daß hier ein starkes Herz schlug und ein starker Geist rege war. So kann der Dichter die großen Katastrophen in Sachsen, Bayern und dem Reich der Langobarden mit ganz anderen Augen betrachten als der Historiker und doch dessen Urteil in der besten Weise ergänzen. Die Sage lauscht auf den Klang von Rolands Horn Olifant und schildert die Waffentaten; aber was mit den gewaltigen Katastrophen an Menschenschicksal verknüpft war, davon schweigt sie. Hier hebt des Dichters Werk an. Zumal Tassilos Schicksal ist tief ergreifend: wie gerade der sein eigenes Volk gegen ihn reizt und vom Eid der Treue löst, für den er so viel getan – der Bischof von Rom! Und tragisch wie das Schicksal des Hochstehenden, wie des Desiderius und seines Hauses, ist auch das Los des einzelnen, wie der Sachsen, die er von der Heimatscholle gelöst, in ferne Teile seines Reiches zerstreut hat.

Dann wird es einsam um den alternden Kaiser, seine tapferen und weisen Söhne sterben alle dahin, und nur Ludwig bleibt ihm, dem selbst ein schweres Schicksal beschieden war. Sein Name verlockt vielfach, in diesem Sohn des großen Vaters lediglich den schwächlichen Frömmler zu sehen. So völlig aus der Art geschlagen war er nicht. Eine sinnliche Natur, wich er dem Kampf nicht aus, liebte er das Weidwerk über alles. Es war auch ein Zeichen froher Männlichkeit, daß er sich die Welfin Judith zur Gemahlin erkor. Ein stolzes und bedeutendes Weib. Voll Schönheit und Geist, war sie es, welche die künstlerischen Traditionen des großen Kaisers pflegte. Walahfried Strabo zog sie an den Hof und fand an ihm einen begeisterten Verehrer. Aber um ihres Sohnes willen bringt sie heillose Verwirrung über daß Reich, treibt sie die Stiefsöhne zur Empörung und muß nun alle Not und Demütigung des Gatten teilen, den Haß der fränkischen Großen über sich ergehen lassen. Man überhäuft sie mit schmachvollen Anklagen, beschuldigt sie der Buhlschaft mit dem Kämmerer Bernhard. Und daneben der Gatte, der durch seine Schwäche dem Reiche zum Unheil wird, gegen den Papst Gregor IV. selbst die Söhne verhetzt und die Katastrophe auf dem Lügenfelde bei Kolmar mit herbeiführen hilft. Kaum eine Gestalt des Mittelalters verdient es mehr, ihren Dichter zu finden als diese Judith. Denn alles Menschliche und die großen Schicksale des Reichs treffen in diesem wunderbaren Weibe zusammen. Und selbst der eigene Sohn verdüstert ihr die letzten Stunden des ruhelosen Lebens und läßt sie in Einsamkeit und Not dahingehen. Und der Streit der Brüder selbst ist doch nicht bloß die Gier nach Krone und Land: Triebfedern aller Art beflügeln ihre Taten und lassen sie in stetem Für und Wider nicht zur Ruhe kommen. Daß Unheil scheint in das Haus eingezogen. Wie schwer sucht es den Sohn Pippins heim, der in Italien unter der Krone ging und schließlich endet an den Qualen der Blendung. Er fordert unser Interesse weit mehr heraus als Lothar, der sich zum Werkzeug seiner Stiefmutter hergibt und in Wanken und Schwanken das Unheil nur steigert.

Die ganze Periode der Sohnesempörung und des Bruderkrieges ist düster und traurig. Hunderte werden in dieses Elend mit hineingezogen. Es ist ein eigenartiger Zufall, daß der Sproß aus Angilberts und Berthas Liebesbund, dem die Kirche den Segen versagt, das Nithardt es ist, der dieser Zeiten Geschichtsschreiber geworden ist. Ein treuer Vasall Karls des Kahlen, hat er diesem als „Kriegsmann, als Diplomat und als Publizist" in gleichen Treuen gedient. Karls Recht vor aller Welt darzutun, schrieb er in dessen Auftrag sein Werk, an dessen Beendigung ihn der Tod in der Schlacht gehindert hat. Im Grabe seines Vaters Angilbert fand man seine Leiche im 11. Jahrhundert. Der Schädel zeigte die tödliche Wunde. So könnte die Person des Geschichtsschreibers selbst den Dichter locken.

Es ist ein häßliches Bild, der Kampf der Söhne gegen den Vater, der Streit der Söhne untereinander. Und doch entbehrte er nicht des tragischen Zuges Vor allem spielt er sich auf einem traurigen Schauplatz ab, hat er einen düsteren Hintergrund: die Leiden der Nation. „Zu dieser Zeit," schreiben die Xantener Annalen, „wurde das Frankenreich in sich selber gar sehr verödet und das Elend der Menschen wuchs vielfach mit jedem Jahre." Zur inneren Not der einzelnen gesellten sich die äußeren Feinde: die Normannen im Norden, die Sarazenen im Süden, die Bulgaren im Osten. Es war ein blutiges Zeitalter, an dem jeder in seiner Weise zu tragen hatte: an Schuld und Leid. So schwächen sich die alten Gewalten selbst, und neben ihnen kommen empor die partikularen Kräfte der Stämme und die Macht der Bischöfe, deren Einheit die Reichseinheit überdauert: denn sie finden ihren Rückhalt an dem Bischof von Rom. Und wenn hier die Kirche die Pfade politischen Strebens geht, so sehen wir zugleich die Mission mächtig sich regen, um freilich an dem Trotze der Dänen zu erlahmen. Aber es sind doch starke Impulse, die in diesen Glaubensboten zum Ausdruck kommen. Aber auch die Schattenseiten dieser religiösen Antriebe machen sich geltend und so sehen wir in den Reihen der Mönche eine Zahl von Opfern, die „in zarter Jugend" von den Eltern dem Kloster dargebracht, die Enge der Zelle nicht ertragen konnten.

Ein Beispiel, das der Eigenart und Größe nicht entbehrt, ist der Mönch Gottschalk, eines sächsischen Grafen Sohn, der in heißem Ringen sich nur das Schicksal des Ketzers gewann. Verurteilt und grausam bestraft, ließ er nicht nach, von seinem Kerker, dem Kloster Hautvilliers aus, seine Lehre weiter zu verkünden, ungebeugten Mutes, voll Haß gegen seine Unterdrücker, die ihm auch im Tode kein geweihtes Grab gönnten.

Ein krasses Bild karolingischer Zwietracht bietet Pippin, Pippins I. Sohn, der seines Königreiches Aquitanien beraubt und zum Mönch geschoren, in der Verteidigung seines Erbes zum wilden Abenteurer herabsinkt. Mit des Reiches Feinden, den Normannen, im engen Bunde, schwört er den Christenglauben ab, und betet zu Odin und Thor. Aber er erlag den Gegnern und im Kloster zu Senlis ist er verschollen.

Nicht minder abenteuerlich ist Lothars II. Schicksal. Zwei Frauen sind es, die um ihn ringen, um derentwillen er die Verwirrung des

Reiches steigert: Waldrada, die Geliebte seiner Jugend, und Thietberga, die er selbst, wohl aus politischen Gründen, gefreit und wieder verstoßen hatte. Kaum hat ein Weib schwerere Klagen erfahren, als sie, die der eigene Gatte vor der Reichsversammlung brandmarkte.

Erst Lothars frühzeitiger Tod machte dem tragischen Konflikte ein Ende. Die beiden Frauen nahmen den Schleier. Kein Wunder wenn über seinen Ausgang die Sage bald ihre Fäden wob und seine Liebestragödie phantastisch ausgestaltete.

In all den Kämpfen ragt Ludwigs des Deutschen Gestalt, wenn nicht bedeutend, so doch treu und kraftvoll über das Gewirre seines Hauses hinweg. Auch seine Gattin Hanna hat keinen Teil an der dämonischen Art der übrigen karolingischen Frauen. Die Töchter aber weihte der Vater alle dem Kloster, sie den ehrgeizigen Plänen seiner Großen zu entziehen. Die Sage weis; zu singen von der zarten Minne der Frau Irmingard im Kloster Frauenwörth. Den Söhnen freilich blieb der Kampf. Und „so erbte sich der Bürgerkrieg von Geschlecht zu Geschlecht fort, um sich allgemach und unvermerkt in einen Wettkampf nebenbuhlerischer Nationen umzusetzen."

In diesem Lichte nationalen Gegensatzes erscheint der Sieg, den Ludwig der Jüngere bei Andernach über den Oheim, Karl den Kahlen erfocht (8. Oktober 876). Den Zeitgenossen erschien er wie ein Gottesurteil; dem bald der plötzliche Tod folgte. Aber Ludwig ist auch der Held der Normannenschlacht von Sancourt (8. August 881), von dem das Ludwigslied singt: „Einen König weiß ich, sein Name ist Ludwig." Zwar das Urteil Hinkmars von Rheims lautet herber, der sein Dasein freilich parteiisch „ein Leben ohne Gewinn für sich, für die Kirche und das Reich" nennt. Dem Bunde Ludwigs mit der ehrgeizigen, aber klugen Liutgard war jene Hildegard entsprossen, die Arnulf den Weg zum Thron gebahnt und doch dann schwerer Strafe verfiel. Jedenfalls war sie eine echte Karolingerin, voll Kühnheit und Herrschsucht. Aber jener Arnulf war die Frucht von Karlmanns heißem Liebesbund mit Frau Liutswinda. Wohl fehlte diesem der Segen der Kirche, aber der Vater nannte den stattlichen Sohn nach dem Ahnherrn seines Geschlechts und zeigte damit, was er von ihm erhoffte.

Wenn aber aus diesem Bunde eine so kraftvolle Erscheinung hervorging, so sehen wir in Hugo von Lothringen den leidenschaftlichen Sprossen Lothars und Waldradas, dessen wildes Leben im Kloster endet. Der Verbündete des Seekönigs Gottfried, dem er seine Schwester Gisla vermählt hatte, bei seiner Empörung gegen den Kaiser ward er mit in dessen Verhängnis hineingezogen, geblendet, und stirbt im Kloster Prüm, das sich sein Großvater zur letzten Ruhestätte ausersehen hatte.

Aber auch Karl III. blieb das Glück nicht bis zum Ende treu. Mit dem Sturze seines allmächtigen Kanzlers, jenem Liutward von Bercellä, begann daß Unheil. In dessen Fall ward auch Richarda, die Kaiserin, mit hineingezogen, die in 25-jähriger Ehe nie die Umarmung des Gatten genossen. Im Kloster ist sie wie eine Heilige gestorben und die Legende hat ihr Bild verklärt. Der Kaiser selbst aber, dem Siechtum und der Schwäche verfallen, erlebte nun selbst den schwersten Sturz. Auf jener Versammlung zu Tribur verlor er Krone und Macht. Auf einem Meierhofe in Schwaben schloß er bald sein Leben. Scheffel hat ihn als den „Alten in der Heidenhöhle" in seinem Ekkehard noch den Einfall der Ungarn erleben lassen.

Aber die Verwirrung im Gesamtreiche stieg, eine Reihe von neuen Königreichen erstand, des Reiches Einheit ward zum Gespötte der Welt. Und doch war Arnulf ein Held, wie sein Normannensieg an der Dyle und die Erstürmung Roms; beweist. Energisch wahrte er sein Königtum. Sein Haus selbst floh der Friede und er stellte sogar die Gattin wegen schwerer Beschuldigungen vor Gericht. Aber sie schwieg die Klage und reinigte sich von jedem Verdacht. Den tragischen Untergang seines natürlichen Sohnes Zwentibold, dem er die Krone von Lothringen gewonnen, hat er nicht mehr geschaut. Nicht minder tragisch war des Reiches Schicksal, das nun Arnulfs einzigem ehelichen Sohne, Ludwig, anheimfiel. Er war ein Kind. Und nun Not von außen und innen: die gewaltige Babenberger Fehde, die mit dem Tode jenes Adalbert endet, die Ungarnnot, die von Jahr zu Jahr furchtbarer wurde, Überwuchten der Episkopats, dem die Stämme weltliche Kräfte entgegenstellten.

Wohin man schaut im Reiche: Gewalt und wilde Fehde, Blutschuld und nicht minder blutige Sühne. Der neue König Konrad wird in diese Konflikte tief hineingezogen. Die Häupter der Schwabenherzöge Erchanger und Berthold rollen in den Sand. Aber durch diesen Frevel gegen seine eigenen Schwäger befriedigt der unglückselige König nicht das Land. Er erkennt selbst seine Schwäche und die Machtlosigkeit seines Hauses und so rät er sterbend die Wahl Heinrichs von Sachsen, der ein König ward nach der Deutschen Sinn.

Ein Held und ein Herrscher; seine Gattin Mathilde, eine der anziehendsten Frauengestalten: er hat Deutschland erneut aus aller Not und es seinem Sohn als ein mächtiges und weites Reich hinterlassen. Er war, wie Wagner ihn im Lohengrin zeigt, ein König von Kraft und Milde.

Der Sohn Otto war des Vaters würdig. Aber auch ihm blühte mancher Strauß, vor allem im eigenen Hause. Sein Bruder Heinrich entfremdete sich ihm und der Mutter, sein Stiefbruder Thankmar verbündete sich mit Eberhard von Franken gegen seinen Herrn.

Allenthalben gilt es den Geist der Empörung zu dämpfen. Wie ein guter Genius steht die Gattin, das angelsächsische Königskind an seiner Seite. Doch ihrem Sohne Liudolf ist es nicht vergönnt, unter Krone zu gehen. Er folgte der Mutter in den Tod. Aber gerade ihr Sterben gab Otto freie Hand zu einem italienischen Abenteuer, durch das er sich die schöne Adelheid und Italien selbst gewann. Sie war eine echte Kaiserin, eine der vielen glänzenden Frauengestalten in dieser Zeit.[3] Enger werden die Beziehungen zwischen Italien und Deutschland, wenn auch schon Sohn und Enkel die welsche Tücke fühlen sollten. Dem Sohne selbst hatte Otto in der Griechin Theophano ein wundersames Weib gefreit, eine glänzende Erscheinung, an der die Zeitgenossen kein Fehl zu finden vermochten. Sie sollte daß Unterpfand sein für den Frieden zweier Reiche, die bisher sich befehdet.

Und doch drängt sich die Frage auf, ob sie dem Reiche Glück gebracht. Aber das ist ebenso hinfällig wie die Behauptung, daß die Pe-

---

[3] So die Königinnen Gerberga und Witta

riode Ottos II. und Ottos III. eine Zeit des Verfalls und selbst der Auslösung sei. Nein, es ist eine Zeit des Übergangs, des Wechsels, wie Uhlirz sagt, „die Exposition zu der erschütternden Tragödie des elften Jahrhunderts." Der Vater hatte sich in dem Episkopat eine Hilfe gegen die Stammesherzöge geschaffen, und damit waren in das politische Leben neue Kräfte eingeführt, die den König auf der Hut sein ließen, die aber naturnotwendig auf die Entfaltung des nationalen Lebens den tiefsten Einfluß üben mußten. Scheffel hat uns in seinen Ekkehard ein herrliches Bild aus der Zeit Ottos I. gegeben. Er hat gezeigt, wie es möglich ist, ein Zeitalter, das durch die überragenden Gestalten der Herrscher verdunkelt wird, der Gegenwart näher zu bringen. Umso leichter ist dies der Fall für diese Zeiten, wo eine Fülle neuer Regungen sich geltend machen: hier kann der Dichter Farbe geben, die dem Historiker versagt ist. Und so weit uns die Quellen ahnen lassen, von den „Menschen" des ottonischen Hauses zeigt sich uns echte Herzenstüchtigkeit, ungekünstelter Verstand. Und so war es freilich ein Zwiespalt, wenn man nun Otto die geistreiche Byzantinerin gegenüberstellt. Aber die Gegensätze sind die Keime neuen, starken Lebens. Aus ihnen entsprang der versöhnende Gedanke dieses Ehebündnisses und aus diesem Kaiser Otto III. mit seinen universalen Ideen.

Und Otto selbst mußte seine Kraft nach allen Seiten bewähren. Im Norden drohte Harald Blauzahn. Der Däne wird zu Frieden und Tributleistung gezwungen, in Bayern gilt es Ruhe zu stiften und im fernsten Süden, des Reiches Ehre zu wahren. Am schlimmsten aber sah es in Rom aus. Die Geschichte der Beziehungen des Papsttums zu den Römern liest sich ja wie ein Roman. Jetzt nach Otto I. wird Rom wieder Schauplatz schwerer Verbrechen, bis der Sohn Ordnung schafft und einen würdigen Mann auf den Stuhl Sankt Peters setzt.

Freilich war diese Wahl schon ein Zeichen, daß der Kaiser und seine Gattin sich jener Bewegung zuneigten, die vom Kloster Cluny aus bald die ganze katholische Welt in Brand setzen sollte. Gustav Freytag hat ihren Einfluß auf den Frieden in den deutschen Klöstern recht anschaulich geschildert.[4] Wir sehen, wie Lothringen durch sie erregt wird, wie die deutschen Fürstenhäuser davon ergriffen werden. Schon hatte der Geist der Zeit den Drang nach Individualität in sich aufgenommen. schon fand dieser in die Klöster selber Einlaß, da beginnt Cluny die Reform, deren Endziel „universale Ausdehnung und unbedingte Unterordnung der Einzelpersönlichkeit" war. So kommt die ganze katholische Welt in lebhafte Bewegung, Gefühle werden rege, Instinkte geweckt, die einen tragischen Konflikt unvermeidlich machen. Es ist, als ob von einem hohen Turm in leuchtender Frühlingslandschaft eine große, schwarze Fahne weht. Das düstere Zeichen lähmt den Frohsinn und weckt die düstersten Ahnungen. Und diese sprechen nur allzuwahr.

Und doch, wer hätte ahnen können, da Kaiser Otto mit seinem Heere von dem Mont Martre auf Paris herabsah und seine Geistlichen ein Halleluja singen ließ, daß von dorther das Unheil kirchlicher Zwietracht drohte. Schon im Jahre 979 opferte der Kaiser den tapferen Markgrafen Gero dem Neid und dem Hasse des Erzbischofs Adalbert von Magdeburg. Und kurze Zeit daraus kommt zu dem kaiserlichen Hoflager in Pavia Gerbert von Rheims, der künftige Lehrer und Freund Ottos III. Es ward eine welthistorische Beziehung. Denn „wie kein anderer seiner Zeitgenossen hielt er die geistigen Kräfte der folgenden Zeit in sich wie in einer Knospe verschlossen;" unbewußt tritt er als ein Kämpfer gegen die Hemmungen geistiger Freiheit auf, als erster hat er der in den Kreuzzügen verwirklichten Idee Ausdruck verliehen. Und wenn wir dem Streitgespräche Gerberts mit Othrich von Magdeburg, das Otto II. in Ravenna veranstaltete,

lauschen, so sehen wir, wie hier das Genie dem schulmeisternden Gelehrten gegenübertritt: eine eigenartige, anregende Situation!

Und die ganze Erscheinung Ottos II. ist eine durchaus sympathische. Nicht minder sein Werk, wenn er auch von demselben vorzeitig abberufen wurde, so daß er es nicht vollenden konnte. Aber da er in Rom verschied, da waren im Grunde alle großen Aufgaben gelöst, die

---

[4] Im „Nest der Zaunkönige."

bedrohte Reichsgrenze überall gesichert. Es blieb nur ein Misserfolg übrig: jene schwere Niederlage gegen die Sarazenen, die noch Sühne heischte. Kein Zweifel, der Lebende wäre sie nicht schuldig geblieben. Und darum gleicht er, in Aufgabe, wie im Schicksal dem Gothenkönig Alarich, der wie jener sein Volk gleichfalls zur Mittelmeermacht erheben wollte. Sein Plan wurde mit dem Jugendlichen im Busento versenkt wie Ottos Idee in der Gruft der Peterskirche. Aber sie war groß und schön und hätte eine weltweite Perspektive eröffnet.

War so der Tod des Kaisers eine Katastrophe von welthistorischer Bedeutung, so ist des Sohnes Leben von erschütternder Tragik. Ihm gilt das Wort, das Richard Wagner seinem jugendlichen Freunde Carl Tausig als Grabschrift gewidmet hat:

„Reif sein zum Sterben,
Des Lebens zögernde Frucht,
Frühreif sie erwerben
In Lenzes jäh erblühender Flucht,
War es Dein Los, War es Dein Wagen, –
Wir müssen Dein Los und Dein Wagen beklagen."

Es ist Nantes Verdienst, die jugendliche Gestalt des Kaisers mit seinen weltumfassenden Plänen in richtige Beleuchtung gesetzt zu haben.

So universal seine Pläne, so persönlich der Versuch ihrer Verwirklichung. In allem zeigt sich der eigenartige Charakter des jungen Cäsar, der die Welt beherrschen wollte und des eigenen Gefühls nicht Herr werden konnte. Seine Freundschaft zu Adalbert von Prag, sein Verhältnis zu Gerbert von Rheims, all das erfüllt die innersten Regungen Ottos und wirkt doch auch in seinen Regierungshandlungen mächtig nach. Platen läßt ihn lebensmüde Worte seufzen und all jene, die ihn dichterisch verarbeitet, sie sind dem innersten Kern nicht nahe gekommen. Kaum kann ihm der Historiker allein völlig gerecht werden. Hier blüht dem Dichter Stimmung und ein schönes psychologisches Problem.

Ganz anders Heinrich II. Und doch auch hier Bilder von Reiz: der Empfang des Zuges, der Ottos III. Gebeine nach Deutschland geleitet, seine eigene Fahrt nach Italien mit der furchtbaren Katastrophe von Pavia, und das lichtere Gegenstück, die Eroberung von Prag. Aber die ganze Erscheinung beansprucht Interesse: der Knabe auf der Schule von Hildesheim, wohl durch kaiserliches Machtgebot bestimmt, Priester zu werden. Und nun die eigenartige Haltung der Könige gegenüber dem Klerus, das starke Durchgreifen in kleinen und großen Fragen. Man braucht ja nur auf eine Gestalt zu blicken wie den Bischof Ansfried von Utrecht, der zu den ersten Edlen des Reiches zählt, sein Schwert auf dem Altar niederlegt und schließlich als Einsiedler endet. Ein Bild der Zeit, über welche der Geist der Asketik mehr und mehr ihre Schatten wirft. Wird ja davon auch das Verhältnis der Markgrafenkinder Werinher und Liutgard berührt, deren heißer Bund durch kirchlichen Machtspruch getrennt wird. Und der Vater der schönen Braut, Markgraf Ekkehard, den Thietmar, „des Reiches Zier, des Vaterlands Trost, die Hoffnung seiner Untertanen, der Feinde Schrecken" nennt, wird in Pölde schmachvoll ermordet. Sein Tod aber rächt sich: sofort wagt Herzog Boleslav einen räuberischen Einfall in die ihres Schützers beraubte Mark. Gerade die Beziehungen zu den Slawen, den Polen und Böhmen, geben dieser Zeit die Färbung. Eine Fülle von Einzelbildern zeigen sich dem geistigen Auge: denn kaum wird das Schicksal der einzelnen durch andere Motive mehr beeinflußt als durch die nationalen Gegensätze. Und doch auch im Reiche selbst treten uns Einzelkatastrophen von erschütternder Kraft vor Augen: so Adela, das dämonische Weib des Grafen von Hamaland, die wie eine zweite Lady Macbeth die Ermordung des Billungers Wichmann in Szene setzt. Mit kühnem Mute verteidigt sie die Burg gegen die Rächer, sie stellt die Frauen mit Helmen auf die Mauern, um den Gegner über die Zahl der Kämpfer zu täuschen. Und in der Tat erkämpft sich diese zweite Fredigundis freien Abzug.

Allenthalben regt sich im Reiche der Trotz der großen Herren, die auf ihr gutes Schwert pochend und auf ihre feste Burg, sich über Gesetz und Recht hinwegsetzen zu können vermeinten. So auch der Graf von Hammerstein, der nicht durch kirchliches und nicht durch weltliches Recht von seinem geliebten Weibe Irmgard sich trennen lassen will. Drei Monate liegt der Kaiser vor dem Felsennest. Da zwingt der Hunger den trotzigen Mann, die Feste zu übergeben. Auch jetzt läßt er nicht von Irmgard. Mit Bann und Interdikt belegt, zieht er mit ihr ins Elend. Wir sehen sie vor dem Richterstuhl zu Mainz, wo Otto schwach wird und sich beugt, während Irmgard stark und trotzig bleibt.

Und endlich siegt treue Liebe. König Konrad, der selbst in unerlaubter Ehe lebt, vergönnt dem verfolgten Liebespaare die ersehnte Ruhe.

Und nicht minder unruhig ist das Schicksal des Reiches selbst: an allen Grenzen geschäftige Bewegung, vor allem in Italien. Aber Heinrich steht fest und mit sicherer Hand lenkt er die Dinge.

Die Sage hat ihm gewissermaßen eine Kutte umgehangen; das Lied von seiner angeblichen Keuschheit ist wenig anziehend. Auf seine Gattin Kunigunde hat man alle Züge der Genovefasage übertragen, die Susannenidee, die in der Volkssage in einer Fülle von Variationen wiederkehrt. Der Heinrich der Geschichte ist daher jedenfalls anziehender. Ein Mann voll Tatkraft und voll Humor, ein Freund der Fahrenden, der einem tollen und übermütigen Streich nicht abgeneigt ist. Freytag hat ihn in dem „Nest der Zaunkönige" recht gut gezeichnet. Das soll indes nicht sagen, daß durch ihn die Persönlichkeit des Kaisers erschöpfend behandelt sei.

Man nennt ihn den Heiligen. Sicher war es ihm mit der Kirche bitter ernst; nur der Tod hinderte ihn daran, der Reformator der tief zerrütteten zu werden.

Ganz anders Konrad. Er stand aus rein persönlichen Gründen im Gegensatz zur Kirche wie zur Reichsgewalt, – um der schönen Gisela willen, der Witwe Herzog Ernst II. von Schwaben, der Tochter Herzog Hermanns und der stolzen Gerberga: die erste Frau ihrer Zeit, war sie ihm eine treue Gefährtin, die all die trotzigen Nöte mit ihm teilte bis zur Verbannung, um dann mit ihm den Thron zu besteigen. Man hatte ihm wohl als Bedingung seiner Wahl die Trennung der kirchlich unerlaubten Ehe gestellt: der Kaiser ließ nicht von ihr. Sage und Dichtung haben ja den edlen Wettstreit der beiden Vettern bei der Königswahl verherrlicht, Uhland hat die Szene in den warmblütigen Versen seines „Herzog Ernst von Schwaben" dargestellt.

Auch Dahn hat, ausgehend von dem Schicksal des unseligen Schwabenherzogs, Konrads Gestalt im Roman verdichtet. Und doch, ein Motiv der Regierung Konrads ist nirgends verwertet, obschon es von eminent poetischer Kraft ist: die starke Strömung, welche durch die niederen Schichten des deutschen Volkes zu Gunsten des Kaisers zieht, die tiefe Treue des kleinen Adels, der in jenem ein Gegengewicht gegen geistliches und weltliches Fürstentum hätte finden können. Die Demokratisierung des Kaisertums schien mit Notwendigkeit eintreten zu müssen.

Dazu im grellen Gegensatz die feindliche Strömung der Italiener, die in Pavia zu blutigem Aufstand ausartete. Hatte doch Konrad selbst in Ravenna die Tücke der Welschen zu verspüren und zu bekämpfen, und auch seine Krönung blieb nicht ungestört.

Bei all den Szenen tritt der Kaiser mächtig hervor und es ist ein bedeutender Eindruck, den die rasche Vernichtung des übermütigen Grafen Thassgard von Fermo macht. Nicht minder eigenartig sind Konrads Beziehungen zu Byzanz, der abenteuerliche Verlauf der Gesandtschaft, die er nach der Hauptstadt am goldenen Horn sendet. Auch die Verhältnisse zu Böhmen nehmen eine äußerst spannende Wendung: es ist wie eine Novelle aus der Renaissancezeit, was uns der Annalist über die Brautfahrt des Herzogs Bretislav erzählt. In kühnem Abenteuer entführt er die Tochter des Herzogs Otto von Schweinfurt, die schöne Judith, aus dem Kloster. Das ist ein heiteres Wagestück, das gegen den unseligen Polenzug des Kaisers glücklich absticht. Und noch düsterer ist das Nachspiel, der Einfall des Polenkönigs Mesko in Sachsen, der mit dem Verrat des ehrgeizigen Markgrafensohnes Siegfried verknüpft ist. Freilich auch das Schicksal Meskos entfaltet sich mit dramatischer Folgerichtigkeit.

Herrschen doch in den Grenzmarken wilde Gewalten: düsterer Trotz der Lehnsmannschaft, der vor nichts zurückschreckt. So wird der Markgraf Dietrich von seines Bruders Vasallen im eigenen Hause erschlagen, und Pfalzgraf Ezzo soll durch schnöde Mordtat einer Beischläferin geendet haben.

Es geht ein starker Zug durch die ganze Zeit. Eine Fülle von Kräften beginnt sich zu regen und der einzelne sucht seinem Ehrgeiz volle Befriedigung zu schaffen: so die Fürsten und weltlichen Herren, so die Bischöfe. So hat ja die Sage Stoff genug gehabt und zumal des Kaisers Sohn Heinrich ist von ihr dicht umsponnen. Der alte Phantast und liebenswürdige Lügner Gottfried von Viterbo hat diese Mären in die Geschichte hineingeschmuggelt. Wilhelm Hertz hat sie in seiner reizvollen Weise bearbeitet.

Die Zeitgenossen selbst sahen auf ihn mit freudiger Zuversicht: als „die Hoffnung des Reiches" wird er selbst in den Siegeln der Urkunden bezeichnet. Seine Krönung gilt als ein Fest von internationaler Bedeutung und als Gattin führt er Gunhild, die Tochter des gewaltigen Nordlandskönigs Knut von Dänemark heim, die freilich bald der Tücke des Südens „gleichsam an der Schwelle des Lebens" erliegt.

So war der junge König Witwer. Da dachte der russische Großfürst daran, ihn zum Eidam[5] zu gewinnen. Aber Heinrichs Wahl fiel nicht auf die Barbarin, sondern auf Agnes von Poitou. Nicht ohne Widerspruch hat er sie gewonnen. Vor allem in Lothringen regte er sich, wo Herzog Gottfried selbst zum Schwerte gegen seinen König griff. Und dem jungen König ragen ringsum Feinde, in Ungarn, in Polen und Böhmen, in dessen Waldtälern ihn fast das Verhängnis ereilte. Aber dort waltete als ein Grenzhüter deutschen Wesens der Mönch Günther, eine Gestalt von hohem, poetischem Reiz, eine stark ausgeprägte Persönlichkeit. Und im Reiche selbst herrscht wildes, friedloses Treiben, gegen das aus einer Bußstimmung heraus die Idee des Gottesfriedens erwächst und mehr und mehr erstarkt. Nicht minder schwillt die Macht der Cluniacensischen Idee an, die jetzt schon in Rom bei den Papstwahlen eine bedeutsame Rolle zu spielen beginnt. Freilich dort war eine Entartung sondergleichen eingerissen.

Mit Benedikt IX. war das Laster auf den Stuhl Petri zur Herrschaft gelangt. Um seinen Freveln die Krone auszusetzen, verkaufte er die Tiara an den Erzpriester Johannes Gratianus, der nun in der Tat für

---

[5] Schwiegersohn (Anm. d. Lekt.)

rotes Gold Papst wurde. Da galt es Ordnung zu schaffen. Und Heinrich zögerte nicht. Es ist der Höhepunkt seines Lebens, da er nun den Freveln ein Ende bereitet und von dem erkorenen Clemens II. die Kaiserkrone empfängt.

Und mit Recht trug er die Krone, die für ihn nicht bloß Symbol einer universalen Stellung war. Vom höchsten Norden, wo selbst Island mit deutscher Kultur verknüpft wurde, bis hinab nach Unteritalien, wo das Reich der Normannen sich mächtig entfaltete, herrschte sein Gebot. Ihr Walten und Drängen hat ja von je mit Recht die Dichter angezogen und doch hat gerade in der Geschichte Heinrichs III. die Poesie noch ein reiches und segensreiches Arbeitsfeld.

Aber schon über seinem Haupte beginnt sich dunkles Gewölk zu sammeln, schon unter ihm bereitet sich das Verhängnis vor, das den Sohn mit so furchtbarer Gewalt treffen sollte: in Rom wirkt Hildebrand, in Tuscien setzt sich jener Herzog Gottfried fest, der durch die Vermählung mit der Markgräfin von Tuscien zu einem der mächtigsten Männer in Italien wird. Und da ihn Heinrich vernichten konnte, schont er ihn aus Furcht, er möchte sich als Feldherr an die Spitze der Normannen stellen. Es ist, als ob der Kaiser den Boden Italiens unter seinen Füßen beben fühlte. Es war nicht der Fall. Er war zu sehr gefesselt von seinem Prinzip, als daß er die realen Verhältnisse klar durchschaut hätte: Verstaatlichung der Kirche oder Vergeistlichung des Staates! Das war der Keim des unseligen Schicksals, das bereits mächtig über Heinrichs Haus emporwuchs. Denn die Idee musste Feinde finden beim Papsttum selbst wie bei den außerdeutschen Staaten.

So regten sich die gegnerischen Gewalten und die Gegensätze wurden ins Reich selbst getragen, wo es an Reibungen ohnedies nicht fehlte. In Oberdeutschland erhoben Bischof Gebhard von Regensburg und Herzog Welf von Kärnthen die Fahne der Rebellion: die Triebfeder war tiefster Haß. In Böhmen beginnt Herzog Spitihnev seine Herrschaft mit Taten wildester Art! Vor allem gegen das Deutschtum. Cosmas' Bericht muß geradezu den Dichter reizen, ein Bild dieser düsteren Zeit zu geben. Das Reich im Rückgang, die Kaisermacht im

Sinken, die Einheit zerrissen! Genug, Heinrichs III. Ausgang sieht sich an wie eine Katastrophe. So hat auch sein Schicksal wie das des Sohnes den Zug ins Tragische. Denn die Ursache der raschen Wandlung lag doch vor allem in ihm selbst.

Freilich Heinrich III. steht in seinem Ringen mit dem Papst und mit dem hierdurch in maßloser Weise erregten Fürstentum, das sich den entfachten Streit naturgemäß zur Entfaltung der eigenen Interessen zu nutze machte, inmitten eines großen weltgeschichtlichen Dramas. Allzu sehr lebt dieses im Gedächtnis des Volkes; das Wort Canossa ist ein politisches und parteiliches Schlagwort. Aber die große Haupt- und Staatsaktion wird den Schaffenden kaum mehr anzuregen vermögen. Und doch nirgends tritt das Bedürfnis psychologischer Vertiefung mehr zu Tage als gerade bei Heinrich, dessen inneres Verhältnis zu seiner Zeit noch lange nicht erfaßt ist, trotz aller bedeutenden Arbeiten auf rein historischem und dichterischem Gebiete. Gewiß hat Wildenbruch in seinem Drama zwei bedeutende Gestalten in Heinrich und Hildebrand hingestellt. Aber es ist doch alles zu rein äußerlich geblieben und der ungeheure welthistorische Konflikt ist doch nur in seinen Erscheinungen und Tendenzen. nicht aber in seinen inneren Triebfedern erfaßt. Ganz anders schon im „Neuen Gebot," worin die tragische Wirkung des mit brutaler Gewalt und äußerster Heftigkeit proklamierten und durchgeführten Gesetzes der Ehelosigkeit in dramatischer Kraft zu Tage tritt. Ein starker Beweis dafür, daß der historische Charakter jener Zeit viel leichter zur dichterischen Erkenntnis geführt werden kann, wenn die eigentlich leitenden Persönlichkeiten mehr im Hintergrunde bleiben und das Schicksal des Einzelnen den eigentlichen Mittelpunkt bildet. Eine Fülle von starken Motiven beherrschen die Zeit. Es wäre über die Maßen traurig, wenn der ganze Kirchenkonflikt nichts wäre als das leidenschaftliche „Spiel aus Vorteil und Gefahr," in dem die besten Empfindungen „der Gemeinheit Loose verraten" wurden. Tiefer heiliger Ernst regt sich in all den kirchlichen Fragen und das alte Gebot „Gebet dem Kaiser, was des Kaisers und Gott, was Gottes" erregte nicht bloß die politische Welt, sondern die Gemüter vom Bischofspalast bis zur armseligsten Zelle des kleinsten Bettelklösterleins, von der Burg der Fürsten und Herren bis zum fernsten Weiler im Schwarzwald, wo ein armer Hintersasse hauste.

Und eine Fülle von Gestalten zeigen sich uns in rein menschlicher Größe und Schwäche. Ich erinnere nur an die Kaiserin-Mutter, an Frau Agnes, die Sünden bereut, die sie nie begangen, und ein Schwanken und eine Schwäche zeigt, die keine Reue und keine Bußgeißel zu sühnen vermag. Irr an sich, voll Furcht vor der Hölle irrt sie, so lang sie lebt. Wie eigen ist ihr Konflikt mit dem Bischof Günther von Bamberg wegen eines Klosters, dessen verbrecherische Äbtissin den wirtschaftlichen und moralischen Ruin ihrer Nonnen herbeigeführt, das Kloster zur Stätte des Lasters herabgewürdigt. Sie deckt die Elende mit ihrem kaiserlichen Mantel, den sie damit selbst befleckt. Überhaupt ist die Geschichte der Klöster reich an leidenschaftlichen Momenten, und die Konvente werden Zeugen heißer menschlicher Leidenschaften. Heinrich mußte es erleben, daß die Leute des Bischofs Hezilo von Hildesheim und des Abtes von Fulda im Dom zu Goslar in seiner Gegenwart in blutigen Streit gerieten und ein merkwürdiges Pfingstfest feierten.

Und jene Fehde des Pfalzgrafen Heinrich mit Bischof Anno, die freilich mit dem Wahnsinn des Ärmsten endet! Hier treten kirchliche und menschliche Momente in krassem Widerspiel gegeneinander auf. Wie furchtbar ist die Erhebung der Slawen gegen die christlich-germanischen Bedrücker und doch wie menschlich erklärt sich die furchtbare Tat, welche der Wendenmission ein blutiges Ende bereitete.

Wie düster gestaltet sich in diesem Zeitalter des Fanatismus daß Schicksal der Frauen. Selbst erfaßt von dem Wehe der Zeit, wüten sie gegen die eigene Anmut und bekämpfen die edelsten Regungen der Weiblichkeit. Und anderen droht schweres Geschick: wir sehen, wie Heinrich selbst die Gattin vor allen Großen anklagt und sich mit brutaler Gewalt zu lösen sucht von dem ungeliebten Weibe, deren Schwester durch ihren Gatten, den Herzog Rudolf von Schwaben, ein gleiches Schicksal droht. Wohl bleibt das ärgste ihnen erspart, aber erst nach einer Reihe der schwersten Demütigungen. Nicht minder gewaltsam ist das Verhalten des Herzogs Welf IV. von Bayern, der seine Gattin Ethelinde treulos verstößt und Judith, die Witwe des englischen Earl Tostig, heimholt, deren Gemahl gegen den eigenen Bruder, den König Harald, gefallen war. Wie hart ist das Schicksal jener andern Judith, der Schwester Kaiser Heinrichs, die an der Seite ihres Gemahls, des ungarischen Königs Salomo, das Brot der Verbannung essen muß.

Ich komme noch einmal auf den Bischof Günther von Bamberg zurück, der jene große Pilgerfahrt nach dem heiligen Lande mitgemacht und die Heimat nicht wieder schauen sollte. Ein Mann von eigener Art, der besser in die Stauferzeit hineingepaßt hätte, wie in diese Tage wilder dogmatischer Kämpfe. In einem Briefe Meginhards heißt es über den lebensfrohen Bischof: „Niemals ruft sich jener den Augustinus, niemals den Gregorius in das Gedächtnis zurück; immer überdenkt er den Etzel, immer den Amalung und die übrigen Ungeheuer dieser Gattung; nicht die Bücher, sondern die Lanzen wendet er hin und her; er bewundert nicht die Spitzen der Buchstaben, sondern die Schneiden der Schwerter. Reißet Euch, ich bitte Euch, reißet Euch los aus dieser Hefe des Lebens"

Der Tadel klingt uns wie hellstes Lob und zeigt uns ein schönes Bild in trüber Zeit. Aber er steht nicht allein. Und so vermögen wir zu erkennen, wie auch jetzt die Quellen deutschen Lebens nicht versiegten, sondern sich zu neuem starken Hervorströmen sammelten. In allen Teilen des Reiches geschehen Katastrophen, regen sich Kräfte. Das Bürgertum ist erstarkt und die Chroniken der Städte bieten fürderhin einen tiefen Einblick in die Ideen und Sorgen der Bürger. Neben guten und bösen Geistern haust in den Mauern der Städte die Poesie, verklärt den Werkeltag, und breitet ihren Schleier über schwere und heiße Schicksale.

Der große Kampf geht zu Ende. Es muß geschehen, daß der Sohn den Vater bekämpft, um ihn vor dem Schwersten zu wahren, um ihn an dem Gegner selbst zu rächen: ein Motiv von großem Reiz, das uns die beiden Heinriche menschlich näher bringt.

Und nun kommen Zeiten, wo die Persönlichkeiten der Kaiser zurücktreten hinter der großen Idee der Kreuzzüge. Von den ersten Regungen bis zum Erlöschen des gewaltigen Dranges, von dem Wirken Peters des Einsiedlers bis zum Kreuzzug der Kinder treten so viele menschliche Züge zu Tage, wird das nationale Leben durch eine Fülle von neuen Anregungen befruchtet, die das Gesamtvolk wie den Einzelnen auf das Tiefste beeinflussen. Die Ritterorden wie die Kreuzfahrerstaaten sind die Träger so großer Schicksale, die der dichterischen Darstellung harren und die es wert sind, unserer Zeit vor Augen geführt zu werden. Es gibt ja keinen Zweig des staatlichen und völkischen Lebens, der nicht davon berührt worden wäre.

Blicken wir auf Bernhard von Clairvaux und auf seine Genossen. Welche Fülle von Begeisterung, welche bis zum höchsten Wahn gesteigerte Erregung. Und doch auch hier: Menschliches, Allzumenschliches. Der Kampf gegen die Ungläubigen genügt nicht, wenn auch die unter dass Volk gestreuten Weissagungen von der Eroberung Konstantinopels und des alten Babylon höchste Spannung erzeugen. Der Mönch Rudolf kann sich nicht zurückhalten, Rache auch gegen die Juden zu predigen. Wohin er kommt, da bricht die Judenverfolgung aus und ergreift das ganze deutsche Land wie ein wilder atembeklemmender Wahnsinn. Vergebens weist Bernhard den rasenden Mönch in sein Kloster zurück, vergebenes gebietet der Kaiser dem Morden Einhalt und gibt den Flüchtenden in Nürnberg ein Asyl. Religiöse und soziale Instinkte greifen hier in einander ein. Während die religiöse Begeisterung alle Schranken bricht, regt sich die Begehrlichkeit der Massen wie der Einzelnen. Nirgends tritt das anschaulicher zu Tage, als in den Schicksalen der „Äbtissin Judith von Kemnade", die der Gewalt des Klostervogts erlag. Und was im Kleinen geschah, das ward auch im Großen geübt. So sehen wir lothringische und flandrische Kreuzfahrer mit den Engländern einen Handstreich gegen Lissabon führen: ein Vorspiel der schicksalsvollen Eroberung von Konstantinopel und der Gründung des lateinischen Kaisertums. Denn hier tritt der Ehrgeiz der italienischen Freistaaten unverhüllt zu Tage: sie besaßen die Mittel, die Abenteurer an ihre Flagge zu fesseln und ihren Plänen dienstbar zu machen. Und sie nützten sie.

Indessen hat Konrad III. selbst Deutschland kein Glück gebracht. Erst am Ende seines Lebens erkannte er, wie er sich von den Netzen Roms allzu sehr hatte bestricken lassen. Er konnte Kirche und Religion nicht unterscheiden. War er doch fromm bis zum Aberglauben. Also ganz der Sohn seiner Zeit. So huldigt er mit tiefer Verehrung jener frommen Nonne, Hildegard von Bingen, die bei aller Krankhaftigkeit ihres visionären Wesens eine der anziehendsten Frauengestalten dieser Epoche ist.

Und dennoch liegt der Hauptreiz ganz zweifellos darin, daß an die Stelle der kirchlichen und religiösen Stimmung wiederum weltliche Ideen treten, welche alle Schichten der Nation aufs Neue beleben. Gewiß bleibt Otto von Bamberg, der Pommernapostel, eine anziehende Persönlichkeit und Arnold von Brescia ist eine überragende Gestalt: vor allem aber deshalb, weil er den Gegensatz von weltlicher Macht und dem Papsttum mit unerbittlicher Schärfe formuliert hat. Wenn Kaiser Friedrich I. ihm hätte folgen können, so hätte er die Lösung des weltbeherrschenden Konflikts gefunden. Aber auch Otto wirkte vor allem durch weltliche und soziale Mittel bei seinen Bekehrungsfahrten. Wie preist der Mönch des Klosters Egmont die Tugenden seines Bischofs Herbert von Utrecht. Aber das ist kein bescheidener Diener des Herrn: sein kühnes Auge schreckt den Feind in der Schlacht! Und so paßt er zu dem ungebändigten Freiheitssinn seiner friesischen Bauern.

Konrad Ferdinand Meyer hat ja den um diese Zeit lebenden Kanzler und Primas Thomas Becket in seinem „Heiligen" in wunderbarer Weise dargestellt. Die deutsche Geschichte hat ein Pendant zu diesem Bischof in dem Kanzler Friedrichs I., Rainald von Dassel. Sein Schicksal ist nicht so tragisch wie das des „Märtyrers", aber seine Persönlichkeit in ihrer ganzen Entwickelung so bedeutend und interessant, daß er von allen Zeitgenossen Friedrichs am meisten eine dichterische Charakterisierung verdiente.

So günstige Bilder uns die Geschichte Friedrichs bietet, so bedeutsam der Konflikt mit Heinrich dem Löwen, bei dem gewiß auch rein menschliche Motive in Frage kommen: – wir wissen, wie schematisch und konventionell all die Darstellungen der Hohenstaufen geworden sind: auch Barbarossa kann uns kaum anders fesseln, als in rein historischem Sinne. Die Zeit selbst ist freilich erfüllt von starken treibenden Motiven und doch, wenn man Männer sucht, die Seltenes Wagen, muß man nach Süden schauen, ins Reich der Normannen: das ist ein Geschlecht von hoher Kühnheit, das alle Grenzen sorglos überschreitet.

Und doch ist auch Heinrichs VI. Schicksal tragisch genug. Mit Recht sagt der Mönch von Sankt Blasien über ihn: „Das deutsche Volk soll seinen Tod in Ewigkeit beklagen, denn er hat es herrlich gemacht durch die Reichtümer anderer Länder, hat Schrecken vor ihm allen Völkern ringsum eingejagt durch kriegerische Tapferkeit und hat offenbart, daß es in Zukunft allen Nationen weit überlegen sein würde – wenn ihn der Tod nicht vorzeitig ereilt hätte." Unwillkürlich steigt da des Kaisers Bild mächtig vor unseren Augen empor, und doch fehlt auch ihm nicht der Schatten schwerer Schuld, ganz ähnlich wie über Heinrich II. von England die Ermordung des Thomas Becket.

Es ist der Mord an dem Bischof Albert von Lüttich (24. November 1192), der als schwerer Verdacht ihn belastet. Nicht minder hat ihn die Nachwelt der Grausamkeit gegen den englischen König Richard Löwenherz beschuldigt, den er solange im Kerker zurückgehalten und der Freiheit beraubt.

In diesem Sinne sangen die Troubadoure:

„Ihr Deutschen, niedrer Sinn,
Frech, treulos wohnt euch inn.
Und wer sich euch gibt hin,
Leid wird ihm statt Gewinn."

Und doch würde gerade nach dieser Seite hin eine dichterische Darstellung dieses Konflikts wie das normannische Abenteuer Heinrichs ein Werk von geradezu nationalem Werte sein, vorausgesetzt, daß jede nationale Rechtfertigungstendenz von der Dichtung ferngehalten würde. Das Zeitalter hallte wieder von der Größe des Kaisers und jener Abt Joachim hat ihn in seinen Deutungen der Weissagungen des Jeremias als den berufenen Rächer der Missetaten der Kirche geschildert. Sein Bild war überwältigend. Und so sagt sein Biograph Töche mit Recht: „Wäre es uns vergönnt, den jungen Kaiser im Kreise solcher Männer, im Verkehr mit seinen Hausgeistlichen, mit Dichtern und Gelehrten, im Waffenspiel und auf der Jagd mit seinen ritterlichen Freunden kennen zu lernen; könnten wir es zeichnen, wie ihm die Stunden auf der einsamen Burg Trifels vergingen, von welcher der Blick rings auf die duftigen, dunkel bewaldeten Kuppen der Vogesen schweift; wie er im fernen Süden, von deutschen Rittern und Geistlichen umgeben, den tiefsinnigen Gedanken des Abts Joachim zuhörte oder die Verherrlichung seiner italienischen Kriege sich aus den überschwänglichen Dichtungen des Petrus von Ebuta vortragen ließ, – das Bild Heinrichs VI. würde fester in uns haften und heller uns vor der Seele stehen." Der Wunsch, ihn so zu denken, ist berechtigt, und wenngleich nur die eigene Phantasie jene Szenen malen kann, so trifft sie doch geschichtlich Glaubwürdiges. Das gleiche dürfen wir sagen von seinem Bruder „Philipp von Schwaben," dem „jungen, süßen Mann," wie ihn Walther von der Vogelweide nannte. Ja, sein Ende scheint noch tragischer, für ihn selbst und für das Reich. Mit heißen Mühen hatte er den Kampf gegen den welfischen Gegner, Otto III., durchgeführt, Schritt für Schritt im Reich an Boden gewonnen, da fällt er dem Mordstahl des jungen Pfalzgrafen Otto von Wittelsbach zum Opfer. Gewiß hat diesem Urbild des „Parricida" die Rache den Arm geführt und die Wut enttäuschter Gier seine Gedanken erhitzt. Aber nicht minder schwer traf er das Reich wie den Führer der kaiserlichen Sache, der er bis dahin so treulich gedient hatte. „Ach, ach," ruft Arnold von Lübeck aus, „unser Fürst ist gefallen, unser Ruhm ist zu Ende, unser Reigen in Wehklagen verkehrt!" So weisen auch bei ihm die Anschauungen der zeitgenössischen Historiker den Weg zu gerechter Beurteilung. Hier gälte es, Gedanken und Sprüche Walthers von der Vogelweide poetisch weiter auszuführen.

Eines der lockendsten, aber auch eines der schwierigsten Probleme für den historischen Roman ist die Gestalt Friedrichs II. Gewaltig wie keiner überragt er sein Zeitalter. Von höchstem Talent als Staatsmann und Herrscher, ein Gesetzgeber im besten Sinn des Wortes, ist er zugleich ein klassischer Vertreter des aufgeklärten Despotismus, Jahrhunderte früher als man diese Staatsraison erfunden, geübt und gelehrt hat. Welche Zentralisierung der Bildung an seinem Hofe zu Palermo, auf den das Zeitalter mit Bewunderung blickte! Welch ein Nebeneinander der verschiedenen Kulturen, das uns die Eigenart und das Universale seines Geistes erst umfassen lehrt. So führt er den Kampf gegen die Kurie nicht bloß als „der Kaiser in Freiheit und Recht," nicht bloß als der Vertreter aller Fürsten, die er, freilich vergeblich, zur Vernichtung der unerhörten Gewalt sammeln wollte. Er kämpfte den Kampf allein, als einer der ersten Vertreter des allzwingenden Gedankens der Toleranz, der ihm im Kreise seiner Künstler, Dichter und Gelehrten in seiner ganzen Erhabenheit aufgegangen war. So gewinnt dieser Hof mit seiner orientalischen Farbenpracht an kultureller Bedeutung. Freilich steht er im schärfsten Kontrast zu der unheimlich düsteren Stimmung, die über einem Deutschland lastet, dem weder sein staatsmännisches Genie noch sein Toleranzgefühl zu gute gekommen ist. Denn hier waltet Konrad von Marburg, der Ketzerrichter, dessen wilde Gewalt nicht einmal vor den Toren der Fürstenschlösser halt macht. Freilich an Friedrichs Hofe ist für solche Fledermäuse kein Platz. Aber in Deutschland gewinnen sie Geltung. Ich brauche bloß an den Bischof Albert von Passau zu erinnern, der im bayrischen Lande und am bayrischen Hofe eine geradezu romanhafte Rolle gespielt hat.

Aber in der Beurteilung seines Kaisers ist sein Volk den besten Weg gewandelt. In ihm sah es nicht bloß den Repräsentanten der kaiserlichen Macht, sondern einen seiner größten Söhne; es hat ihn gewissermaßen als das Sinnbild seiner Eigenart und seiner Eigengröße erkannt und in Dichtung und Sage gefeiert. So hat ihn auch Richard Wagner mit seinem Feingefühl für germanische Größe erfaßt und in dem Entwurfs: seiner „Sarazenin", die der Liebe des Kaisers zu einer edlen Araberin entsprossen, feiert die Tochter den Vater: „Als sich die

Macht der Christenheit, geführt von ihm, auf Palästina warf, das Kreuz, das ihr verehrt, zu erobern, – was waren eure Schwerter, eure grimmen Waffen, wenn er allein nicht war und Frieden euch gewann? Verrat spann wider ihn der Templer nied're Rotte: um schnödes Gold hatten dem Sultan ihn auszuliefern sie geschworen: doch Zelima war's, der Gläubigen Schönste, die der Verräter Plan vernichtete. Sie hatte ihn gesehn, den großen Kaiser, und den Sultan vermochte sie, den Verrat von sich zu weisen; voll Edelmut entdeckte er selbst dem Kaiser, was ihm drohte. Da wollte dieser des Sultans Feind nicht länger sein: sie schwuren ewige Freundschaft sich, und es umarmte sich Christ und Muselmann; denn er, der große Kaiser war nicht Muselmann noch Christ: er war ein Gott und als ein Gott verehrt lebt er noch heut im Morgenland." Ein Hauch tiefer Erkenntnis weht durch diesen Entwurf, der des Kaisers Liebling, Manfred, feiert. In der Tat, die Poesie, freilich mit ihrem dunkelsten Schleier, hüllt den Ausgang der Staufern ein: Manfred, dessen Grab die Rosen schützen vor Anjous schänderischem Haß, den „König Enzio mit den Ringelhaaren" und den jungen Konradin, dessen Haupt auf dem Marktplatz zu Neapel unter dem Schwerte von Anjous Henker fällt. Und so ist ihr Wollen und Ende nicht bloß eine Folge von öden und kalten Haupt- und Staatsaktionen, sondern getragen von hohen sittlichen Ideen und großen, menschlichen, ja reinmenschlichen Empfindungen. Und doch auch das Schicksal des Gegenkönigs Wilhelm mutet uns eigenartig an. Gewiß war er ein Pfaffenkönig „von Papstes Gnaden," von dessen Macht mit Recht ein Minnesänger singt:

>„er sezzet sie uf, er sezzet Sie ab,
>nach der habe
>wirfet er sie hin und her als einen bal."

Aber es war ihm Ernst um sein Königtum. Er wollte Frieden geben dem Reich und fand selbst ein düsteres Ende durch Bauernhand. Und 26 Jahre lang blieb es dem Sohne verborgen, wo die Mörder die Leiche des Erschlagenen geborgen, bis der letzte der vier Wissenden ihm das düstere Geheimnis verriet.

Und dann daneben welch reiche Fülle deutscher Kräfte, die in den Städten sich entfaltet. Zumal die Hanse erhebt ihr Haupt, daneben die Kolonisation im Osten durch Ritterschwert und Bauernpflug. Hier wurden die Keime von Deutschlands neuer Zukunft in das durch deutsches Blut gewonnene und geweihte Erdreich gelegt. Und eine Ahnung dieses jungen Werdens liegt auch über der folgenden Epoche, für welche bisher das Interesse gefehlt. Und doch ist sie im Grunde reicher an Gebieten, wo der Dichter neben dem Historiker und über ihn hinaus reichlich zu tun hat. Fehlt es doch auch jetzt unter den Fürsten nicht an gewaltigen Erscheinungen. Dort in Brabant saß Johann l., ein Sänger und ein Held; sein Nachbar Heinrich III. von Geldern, Bischof von Lüttich, ein wilder Gesell, der seinen Nachfolger im Amt eines elenden Todes sterben läßt und selbst ein gewaltsames Ende nimmt.

Und hier der gewaltige Einfluß des aufstrebenden französischen Wesens, dem vor allem jener Johann von Brabant huldigt. Und dann im Osten der Böhmenkönig Ottokar, der über ein mächtiges Reich gebot. Grillparzer hat in seinem Drama von „König Ottokars Glück und Ende" ein bedeutsames Bild des Gewaltigen gegeben; aber der Patriot ließ den Purpur des Königs vor Rudolf von Habsburg allzutief in den Staub sinken. Jene Nutzung deutscher und slawischer Kräfte, deren Neben- und Gegeneinander bietet im Kleinen wie im Großen noch vieles, was Grillparzer nicht zu sagen vermocht hat. Denn Ottokar war durch seine Mutter Kunigunde, die Tochter Philipps von Schwaben, dem edelsten deutschen Geschlechte verwandt und als Kaiser hätte er wohl der Verdeutschung seiner slawischen Lande den größten Vorschub geleistet. „Vielleicht gäbe es dann heute keine czechische Frage."

Und in Bayern waltete Ludwig II. und sühnte die Hinrichtung seiner ersten Gemahlin Maria von Brabant, durch die Bewährung echter Fürstentugend. Man denkt hier unwillkürlich an König Rudolfs Tochter Clementine, die mit Carl Martell von Anjou, dem Enkel des Mörders Konradins, vermählt wurde. Einem großen und verwickelten

Projekt der hohen Politik wird in der anmutigen Prinzessin ein Menschenopfer dargebracht.

Ein echter Sohn der Zeit ist Bischof Heinrich II. von Mainz, gehaßt vom Klerus, geehrt vom Volke, das den armen Bürgerssohn und Bettelmönch als einen der Seinigen betrachtete. Eine kernige deutsche Gestalt, umso wertvoller in einer Zeit, wo die französische Sitte auf das deutsche Wesen in den westlichen Teilen des Reichs einen unseligen Einfluß übte. Die Bedeutung Frankreichs schildert in diesen Tagen Jordan von Osnabrück in eigenartiger und anregender Weise.

All diese Motive wirken anziehender als die Persönlichkeit Rudolfs selber, so groß seine Verdienste um sein Haus und um das Reich sein mögen. Seinen Nachfolger, König Adolf von Nassau, haben die fahrenden Sänger mit hoher Begeisterung gepriesen. Seine Tapferkeit hat es ihnen angetan. Dieses Lob mag dem kühnen Kriegsmann genügen. Auch sein Nachfolger Albrecht hat trotz seines tragischen Endes im Grunde wenig sympathisches. Denn auch das gute, das er übte, entsprang selbstischen Motiven. So rühmenswert es war, daß er den Judenschlächtereien in Franken entgegentrat, seine Gründe waren nicht edel. Das Volk handelte nach den Worten des österreichischen Sängers:

„Wär ich ein Fürst zu nennen,
Ich ließ euch alle brennen!" –

Der König schützte, weil der Schutz sehr einträglich war.

In diesen Judenverfolgungen selbst aber treten starke Momente zu tage, besonders auch zu den Beziehungen zu Frankreich, wo König Philipp nicht minder grausam gegen jene verfuhr. Und doch ein Zug ist schön in dem Leben dieses düsteren Königs, die treue Liebe zu Weib und Kind. Und die Rache, die Mutter und Tochter, mit Hilfe der Söhne, an den Mördern des Gatten nehmen, ist ein echtes Stück germanische Blutrache. Schiller hat ja den unseligen Johann von Schwaben in seinen „Tell" eingeführt und wie so oft hat er als Dichter den historischen Kern mit genialer Sicherheit erfaßt.

Es hat mich immer Wunder genommen, daß Konrad Ferd. Meyer sich nicht den Kaiser Heinrich VII. als Helden erwählt hat. Kaum einer der deutschen Kaiser und der Fürsten wäre seiner dichterischen Eigenart näher gestanden, als dieser, den man mit Recht den Nachfolger Friedrichs II. nennen kann. Seine ganze ritterliche Erscheinung, voll Ehrlichkeit, Mut und Gottvertrauen, voll Bewusstsein für die Güte und Größe seines Kaisergedankens ist verlockend. Wie jubelt ihm Dante zu, wie preisen ihn Dichter und Geschichtsschreiber Italiens, obwohl er doch auch gegen Italiener sein gutes Schwert geschwungen hat. Daneben die fast mädchenhafte Erscheinung seiner Gattin, der treuen Genossin in Freud und Leid! Mit Güte beruhigt er Deutschland, um alle Kräfte des Reichs für die Eroberung Italiens verwenden zu können. Und hier schreitet er sicher vorwärts, die Gefahren nicht achtend. Und doch folgt ihm das Verhängnis wie sein Schatten, bis ihn der Tod ereilt, der auf die Zeitgenossen so furchtbar gewirkt hat, daß sie in dem Kelch des Abendmahles selbst das tödliche Gift vermuten, das ihn dahingerafft. In der Tat, von dem glänzenden Tage in Speyer, da er der ehrwürdigen Kaisergruft zwei seiner Vorgänger übergab, bis zu seiner eigenen Beisetzung in dem kunstvollen Marmorsarge, ist sein Wollen und Wirken von jenem Schimmer echter Poesie erhellt, wie ihn das Schicksal nur echten und großen Menschen gönnt.

Nicht minder fesselt sein Sohn Johann daß künstlerische Interesse. Freilich in ganz anderem Sinne wie der Vater. Wie oft ist sein Zeitgenosse und zeitweiliger Freund Kaiser Ludwig der Bayer auf die Bühne gebracht worden. Auch Uhland hat sich treulich bemüht und dem Stoffe einige sinnige Seiten abgewonnen. Es ist vergebliche Liebesmüh, so reizvoll die ganze Persönlichkeit des vom Papst fast zu Tode gehetzten Fürsten ist. Ganz anders König Johann von Böhmen. Schon die energische Tatkraft der jungen Böhmin Elisabeth, die ihrer Schwester Krone mißachtend durch Verschwörung und Trug, durch Kühnheit und Trotz die Hand des Königssohnes und die Krone der Ahnen gewinnt! Und nun dieses ganze Leben voll Lust an Abenteuer und Gefahr, diese Fülle von Kraft und Genußfähigkeit, die auch den Erblindeten nicht verläßt. Ein Planmacher, wie kaum je einer gelebt, bringt er die Lande in Verwirrung. Was kümmert es ihn, wenn die Gattin sich verzehrt über seine Treulosigkeit, die ihm Königinnen wie Dirnen in die Arme führt. Wie klagt sein frommer Sohn Karl über die schlechten Gesellen, mit denen er sich beim Würfelspiel und bei noch Schlimmerem ergötzte.

Nichts war ihm heilig, nichts flößte ihm Furcht ein. Lachend verpfändete er die silbernen Standbilder, mit denen frommer Sinn das Grabmal des heil. Wenzel in Prag geziert hatte. Und doch eine Vollnatur, wie der deutsche Boden nur wenige getragen. Es gibt keine menschliche Leidenschaft, die er nicht durchgekostet, auch die Politik war ihm eine Quelle des Reizes. Er häufte Rätsel auf Rätsel, um dann den geschürzten Knoten mit sicherem Schlage zu durchhauen.

Und bis zum Tode bleibt er ein Held. Und so hat ihm denn das Schicksal den Tod in der Schlacht bei Crécy gegönnt. Ein schönes Bild: mit dem Sohne eilt er dem französischen König zu Hilfe. Da hört der Blinde, daß der Sieg sich den Engländern zuneigt. Nun ist er nicht zu halten. In der Mitte von zwei Rittern reitet er ins ärgste Getümmel und fällt, von den englischen Pfeilen durchbohrt.

Friedrich der Schöne war dagegen eine helle, durchsichtige Erscheinung, während dessen Bruder Leopold wiederum eine Gestalt von düsterer, dämonischer Kraft ist, den sein Haß gegen den Wittelsbacher bis zum Landesverrat vorwärts treibt. Auch der Markgraf von Brandenburg, Waldemar, ist eine eigenartige Persönlichkeit. Willibald Alexis hat ja den „falschen Waldemar" in glänzender Weise gestaltet. Aber auch der echte Waldemar wäre ein anziehender Stoff. Nicht in dem Sinne der überschwenglichen Lobeshymnen des Minnesängers Heinrich Frauenlob und der märkischen Chronisten, aber als der rücksichtslose, leidenschaftliche Fürst, der den Groll des ganzen Nordens gegen sich entfesselt. Kein Wunder, wenn sich das Zeitalter den Rastlosen nicht denken konnte als den stillen Schläfer im Kloster Chorin.

Und über der ganzen Zeit Ludwigs des Bayern liegt ein eigener Reiz. Der deutsche Trotz, der bei aller Frömmigkeit sich gegen die französischen Päpste in Avignon wendet, der große Zug, der durch das Walten der Territorialherren und durch das Leben der Städte geht, all das ist stark wirkendes Milieu. Es ist die Zeit des Emporkommens des deutschen Geistes, der Entfaltung seines Individualismus, gegen den sich freilich alsbald starke Gegenregungen zeigen.

Der schwarze Tod hält auch in Deutschland seinen Einzug und rafft zahllose Opfer dahin, Und denen, die das große Sterben überleben, erstirbt in dem grenzenlosen Jammer jedes menschliche Gefühl. Die Not erweckt den alten Haß gegen die Juden und vertilgt sie mit Blut und Brand. Und darein ertönt das schaurige Lied der Geißler, die mit gräßlicher Selbstpeinigung den Zorn des Himmels versöhnen wollen und die doch selbst zu einer schweren Landplage werden, daß die Gewalten gegen sie einschreiten müssen. Das ist der furchtbare Hintergrund für die Gestalt Karls IV., des klugen, listigen Königs, dem die Italiener mehr als ein Spottlied sangen, dem Petrarca schrieb: „Tapferkeit ist kein erbliches Gut. O, wenn dir aus den Alpen Großvater und Vater begegnet wären, was meinst du, daß sie dir gesagt hätten?" Willibald Alexis hat ihn in dem „Falschen Waldemar" gezeichnet und manchen Zug gut getroffen, wie ja das ganze Werk ein Kulturbild ersten Ranges ist. Wie vortrefflich ist ihm der Markgraf Ludwig geraten, der lieber in seinen Tiroler Bergen die Gemsen jagt, als in dem märkischen Sand mühsam die spärlichen und doch kraftvollen Keime des dortigen Volkstums pflegt. Und trotz allem keine unsympathische Gestalt.

Freilich, so bieder wie jener Kuno von Falkenstein, der Verweser des Bistums Mainz, ist er nicht. Wie aus den Zeiten der Staufer ragt Kunos kraftvolle Gestalt in diese Tage herein. Und neben dem Kaiser selbst steht in überragender Größe, Herzog Rudolph IV, von Österreich, der Erbauer des Wiener Stephans-Doms und Gründer der Wiener Universität, aber auch ein Fälscher im großen Stil: Indessen ist er seiner ganzen Art nach das Urbild eines Josef II. Und dann nicht minder anziehend, Graf Eberhard der „Greiner" von Württemberg. Diesen „frischen freien Katzbalger und Kriegsmann" hat ja Uhland in seiner kräftigen gemütvollen Weise verherrlicht.

Aber ein Drama, wie es kaum Dichters Hand zu schaffen vermag, spielte sich jetzt um der ungarischen Krone willen ab. Von Neapel bis

Stuhlweißenburg und Krakau laufen die Fäden, aus denen der Knoten geschützt wird, weibliche Größe und Leidenschaft verwirren sie in wildester Weise. Die „schöne Sünderin" Johanna von Neapel, die leidenschaftliche Hedwig, die alles wagt, dem Geliebten sich und den polnischen Thron zu erhalten, Maria, welche der siegende König ‚aus dem Kerker der Rebellen befreien muß: es sind Gestalten von höchstem poetischen Reiz, denen gegenüber alles, was indessen im Reiche geschah, öd und dumpf erscheint. Und doch ist hier alles in frischem Werden. Das Bürgertum wird zum Träger des deutschen Gedankens, die Hanse erstarkt mächtig und diktiert dem Nordlandskönig Waldemar den Frieden. Im Süden schließen sich die Städte und der Schweizer Bauer zu engem Bunde zusammen und staunend blickt die Zeit auf die Schlacht bei Sempach, wo das Ritterheer den Bauern erliegt. Und dazu Wenzel erschlafftes und erlöschendes Königtum. Und doch ist seine Absetzung ein tragisches Stück, in welchem eine Reihe von tatkräftigen Männern agieren.

Kaiser Rupprechts Königtum ist nur ein Stück der Geschichte vom deutschen Elend, das umso trauriger ist, da es in einer Zeit spielt, wo im deutschen Volke neue Säfte sich regten. Jeder Entartung trat bereits der Keim der Heilung entgegen. Verwilderung und innere Sittlichkeit, Barbarei und Werke wunderbarer Nächstenliebe, Aberglaube und diese Religiosität, Intoleranz und Duldung, alles dicht nebeneinander!

Verhängnisvoll für das deutsche Volk aber ward die Wendung in der Stellung des deutschen Ordens. Am 15. Juli 1410 schien mit der Schlacht von Tannenberg der Orden vernichtet. Mit höchstem Heldenmut verteidigt Heinrich von Plauen die Marienburg, aber der Orden hats ihm schlecht gelohnt. Neun Jahre muß er wegen angeblichen Verrats im Kerker schmachten. Er ist Treitschkes „Held" gewesen, doch der Historiker hat die Arbeit des Dichters bis auf einen kurzen Entwurf vernichtet. Eine tragische Figur ist er jedenfalls, wie jeder, der mit all seiner Kraft eine verlorene Sache zu retten sucht. Im Reiche selbst waltet Siegmund und eine zeitlang schien es, als sei die alte Kaiserherrlichkeit mit ihm wiederum erstanden. Den „hübschen Herren" sahen Männer und Frauen gern, die freilich selbst in seinem Leben eine allzu große Rolle spielen. So war es kein Wunder, wenn ihn seine Gattin auch hinterging und noch in den letzten Tagen seines Lebens sah er sich gezwungen, sich durch ihre Verhaftung vor weiteren Ränken zu schützen.

Wohl kein Konzil hat je solche Aufregung bei allen Nationen hervorgerufen, als die Konstanzer Kirchenversammlung. So hat natürlich der Stoff viele gelockt. Spindler hat sie in lebhaften Farben gezeichnet und K. F. Meyer die bewegten Tage als Hintergrund gewählt für seine herrliche Novelle „Plautus im Nonnenkloster." Die tragische Gestalt im Leben der Nation und des Reiches aber ist Johannes Huß, dessen Märtyrertod jene ungeheure Bewegung hervorrief, in der die deutsche Waffenehre von den Horden der Hussiten die schwersten Wunden empfing. So furchtbar die Zeit, so anziehend ist sie und die nationalen und religiösen Gegensätze spiegeln sich in den Schicksalen des Reichs wie seiner Fürsten wieder.

Und doch hätten die Fürstenhäuser der fremden Einwirkungen wohl entbehren können. Düster genug sah es hier aus. Vor allem über den Wittelsbachern schwebte das Verhängnis. Tragisch ist der Gegensatz zwischen Herzog Ernst und seinem Sohne Albrecht. Wie oft ist das Schicksal der armen und schönen Agnes Bernauerin dichterisch bearbeitet worden und doch den rechten Ton hat noch keiner gefunden. Eine Renaissancefigur im vollen Sinne des Wortes ist Ludwig der Bärtige, eine wild dämonische Gestalt, sympathischer als Heinrich der Reiche von Landshut, der auf dem Konstanzer Konzil den Vetter mit heimtückischer Waffe traf. Und die Folge war ein Bruderkrieg, der die bayerischen Lande in schwerster Weise verwüstete. Und fern im Hennegau waltete über Jakobäa von Bayern ein schweres Geschick. Schön und geistvoll, eine echte Fürstin wehrt sie sich um ihr Herzens- und Fürstenrecht in gleich stolzer Weise, bis des Geliebten Verrat sie niederbeugt. Sie ist sicher eine der anziehendsten Frauengestalten und der Historiker wird gleichsam zum Dichter, wenn er ihr Schicksal darstellt. Am meisten aber hat in dieser Periode die Idee der Veme die Dichter angezogen mit ihren düsteren Geheimnissen. Goethe und

Kleist haben sie uns im „Götz von Berlichingen" und im „Käthchen von Heilbronn" in ihrer ganzen Furchtbarkeit vor Augen geführt. Die Forschung hat freilich den romantischen Schleier gelüftet und es könnte reizen, die komödienhaften Züge derselben den heutigen Lesern zu zeigen.

Dann freilich schwindet der Glanz des Kaisertums völlig und in Friedrich III. hatte das Reich einen Herrn, der nie jung gewesen war. Und doch ist die ganze Persönlichkeit von seltener Eigenart, freilich nicht im guten, auch nicht im romantischen Sinne: aber wer sich in sie vertiefte, der würde eine, wenn auch niemals anziehende, aber doch interessante Gestalt zu schaffen vermögen. Und die Zeit selbst ist in lebhafter Bewegung. Von Osten her dringt mit der Kunde von der Eroberung Konstantinopels eine neue Gefahr und die Königreiche Polen, Ungarn und Böhmen gewinnen neue Bedeutung. Und unter den deutschen Fürsten gibt es Gestalten wie sie der Geist des Renaissancezeitalters erzog: ein Albrecht Achilles und ein Friedrich der Streitbare interessieren nicht bloß den Historiker. Je mehr die einzelnen Teile des Reichs hervortreten, umso zahlreicher und eigenartiger sind die Persönlichkeiten, die in die Schicksale, man darf sagen, in die Verwirrungen des Reichs mit eingreifen. Und am Hose des Kaisers ist denn doch der deutsche Humanismus geweckt worden. Freilich war es Enea Sylvio Piccolomini, der hier, in Prag, Wien und Olmütz die Freude an den Zielen des Humanismus anfachte. Und die Gelehrten selbst sind ja nicht die leidenschaftlichen Gesellen wie ihre italienischen Genossen: aber neues Leben zieht doch mit ihnen ein, wo sie ihre Heimstatt aufschlagen. Und wer sich in Männer wie Thritemius von Sponheim und Konrad Celtes vertieft, der wird erkennen, das; in ihnen ein anderer Geist pulsiert als philiströse Schulmeisterei. Zumal Konrad Celtes verdiente seinen Dichter recht wohl. Ich spreche nicht von der tragischen Gestalt unseres Ulrich von Hutten, denn er hat in K. F. Meyer seinen Dichter gesunden: hier hat der Unsterbliche den Unsterblichen besungen.

Kaiser Maximilian aber hat seine Zeit in Lied und Wart, in Sage und Dichtung verherrlicht als den letzten Ritter und den Mäzen des

Humanismus. Sie zeigt ihn uns als kühnen Jäger auf der Martinswand und im vollen Glanze des Rittertums auf seiner Brautfahrt nach Burgund. Kaum könnte man neues hinzufügen. Und doch reizt manches an ihm zu künstlerischer Betrachtung, freilich in anderem Sinne als dem der Humanisten und seines Sängers Anastasius Grün. Wie sein hat ihn Goethe im „Götz" eingeführt und wie schelmisch leuchtet uns sein Auge, wenn er über seine Idee schreibt, selber Papst und so am Ende noch Heiliger zu werden.

Aber die Zeit des Scherzes war zu Ende. Mit ungeheurem Ernst brach die Reformation herein und entfesselte neue Kräfte, weckte neue Gewalten. Und wie reich ist die Zeit an Charakteren und an Taten. Freilich Luthers Gestalt selbst einzuführen, bleibt stets ein kühnes Wagnis. Gewiß hat Strindberg in seiner „Wittenberger Nachtigall" ein „Lutherdrama" geschaffen von starken Akzenten. Aber er ist eben allzu sehr mit der Nation verwachsen: er hat zu viel des Großen und Schönen gesagt, als daß er nur Worte sprechen könnte, die ein anderer ihm in den Mund legt.

Wie eigenartig aber die Zeit, das hat W. Alexis in seinem „Wehrwolf" gezeigt. Wie grandios ist die Sage von dem Überfalle Tetzels verwertet: wie scharf die Haltung Joachims gezeichnet, des grausamen Bändigers seines Adels, des ängstlichen Gegners der neuen Lehre. Und doch müssen die Fürsten selbst zurücktreten, gegenüber den gewaltigen Bewegungen, die das ganze Volt erfaßt. Wie viel ist da geschrieben. wie hat der Bauernkrieg schon Goethe angeregt und immer wieder hat diese furchtbare Revolution die Schaffenden gefesselt. Wie hat Gerhard Hauptmann in seinem „Florian Geyer" den Geist der Zeit erfaßt. wenn auch sein Held sich weit über den historischen mit seiner schwarzen Schar erhebt.

Aber all das tritt zurück gegenüber dem befreienden Hauch, der durch die Nation ging. Das Lied kann nimmer ausgesungen werden von des Zwanges Lösung, wie nun die Klöster aufspringen und so vielen Schicksalen eine Wendung zu Licht und Freiheit gegeben wird. Nicht das pfäffische Gezänk wird anziehen, aber jener frohe und kühne Mut, der alle beseelte und ihnen Kraft zur weltlichen Freude, aber auch zu schwerem Leide gab. Und niemandem bleibt dies erspart. Blicken wir auf das Schicksal Sickingens und seines treuen Hutten. Blicken wir auf die Fürsten selbst. Und nicht minder auf jene, die der Haß des Reformators selbst getroffen: die Schwarmgeister.

Wahrlich mit Meyerbeers Theaterfigur des „Propheten" ist die Geschichte der Wiedertäufer nicht erschöpft. Wie sollte da nicht das Elend seine Höhe erreichen, wenn inmitten einer großen vorwärtsschreitenden Bewegung, durch welche die Zeit gewissermaßen erfüllt wird, und die doch eine Welt gegen sich hat, nun alte Ideen, die man längst erloschen gewähnt, mit erneuter Kraft sich erheben und so eine grenzenlose Verwirrung heraufbeschwören müssen. Es ist der alte Drang. der sich in stets erneuter Gestalt zeigt, das urchristliche Ideal wiederherzustellen. Und so geht durch die ganze Wiedertäuferepisode ein Zug, dem wir nicht unser Mitgefühl, ja nicht unsere Sympathie versagen können. Nicht bloß das „Gottesreich von Münster" mag uns fesseln: all die Schicksale der kleinen Wiedertäufergemeinden zeigen so viel tiefe menschliche Züge, so viel ergreifende Momente gegenüber der intoleranten Barbarei ihrer Feinde. Gerade die Wirkung der Lehre auf die Frauen ist rührend, und wenn in Münster alle Schranken der Sitte zu fallen scheinen – auch hier hat es bedeutsame Ausnahmen gegeben, – so finden wir besonders in Oberdeutschland Spuren von wundersamem weiblichen Heroismus. Es ist kein Zweifel, daß sich hier ein viel stärkeres inneres Empfinden regt, als bei der Reformation selbst: wie paart sich hier alles mit der Politik, ja mit rein sozialen Tendenzen!

Und nicht überall wird diese Vermengung kirchlich-politischer Ideale getragen wie in Lübeck von einem Jürgen Wullenwever, der seine Vaterstadt noch einmal und mit ihr die Hanse emporheben wollte zu gewaltiger Macht. Dieses „geistige Seeklima" freilich zeitigt Charaktere, dort am Strande findet auch der Dichter die schönsten Muscheln mit den kostbarsten Perlen. Und doch brandet die gleiche Kraft auch in den oberdeutschen Herzen. Unter der Soutane Zwinglis schlägt ein nicht minder vaterländisch gesinntes Herz und auch der Mut und das deutsche Gefühl ist nicht zu verachten, das in den Landsknechten Frundsbergs pulsiert und sie vorwärts treibt zu dem furchtbaren Strafgericht, dem „Sacco di Roma".

Wer in diesen Felsen schürft, der stößt nicht auf taubes Gestein. Und ein Charakter so recht nach dem Herzen K. F. Meyers ist der Kurfürst Moritz von Sachsen in Tat und Werk seines kurzen aber ereignisvollen Lebens, trotz all seiner Fehler der Ritter des deutschen Protestantismus. Daneben der Pfalzgraf Ottheinrich und der „wilde Markgraf," in dem sich schon die umgreifende Entartung des fürstlichen Proletariats zeigt, das im dreißigjährigen Krieg sich in so verhängnisvoller Weise hervortut.

Aber schon setzen andere Kräfte ein, die das Blut des deutschen Wesens bis in seine innersten Säfte vergiften: die düstern Geister der Gegenreformation. Schauen wir nach dem Salzburgischen und nach Tirol und den Erbstaaten der Habsburger, sehen wir wie überall das Werk der Jesuiten gedeiht!

Es war ein Zeichen der schwachen Widerstandskraft des Germanentums, daß es ihnen gelang, hier so rasch festen Fuß zu fassen. Es ist nicht denkbar ohne die tiefe Einwirkung ihrer Lehr- und Bekehrungsmethode, nicht auf die Massen. sondern auf die einzelnen Gemüter. Und diese zu zeigen, das ist ein dankbarer Vorwurf für den Schriftsteller. Freilich nichts wäre abgeschmackter, als aufs Neue Tendenzromane zu schreiben. Aber der Stoff selbst wirkt hier für sich, und wer tiefer eindringt, vor allem in die Entwickelung ihres denkbaren Schülers Kaiser Ferdinand II. selbst, der vermag ein gutes Werk zu leisten. Die ganze Zeit der Gegenreformation in Österreich, zum Teil auch in Bayern bietet in den Einzelschicksalen mit dem düsteren Hintergrunde eine Fülle von Stoff. Aber auch die Unduldsamkeit der Gegenseite zeitigt tragische Geschicke. In der Kreuzkirche zu Düsseldorf ist das einsame Grab einer unseligen Fürstin der Jakobe von Jülich-Cleve. Als die Tochter des Markgrafen Philibert von Baden ward sie am Hofe ihres Großvaters, Albrecht V. in München katholisch erzogen. Ihr Glaube war ihr Verhängnis. Nur Kaiser Rudolfs II. Weigerung rettete sie vor dem Schaffott, dem ihre Feinde sie weihen wollten. Aber ihr Tod blieb geheimnisvoll und düster wie ihr ganzes

Schicksal. Fast gemahnt ihr Los an die furchtbarste Entartung des Zeitalters, die es römischer Infektion verdankt, an die Hexenprozesse. Hier zeigen die Akten der Archive so viel menschlicher Grausamkeit und menschlichen Elends, und doch so viel echten Menschentums, daß sich dem Forscher eine ganz eigene Welt erschließt. Riezler hat in klassischer Weise die Geschichte der Hexenprozesse in Bayern geschrieben und ein furchtbares Gemälde der Zeit und des Wahns enthüllt.

Wer dieses Buch liest und seinen Anregungen nachgeht, der wird ein lebensvolleres Bild zeichnen können als es Gustav Freytag in seinen „Ahnen" geschaffen hat. Im Kaiserhause selbst aber spielt sich eine erschütternde Tragödie ab – die Grillparzer in seinem „Bruderzwist" im Hause Habsburg" mit meisterhafter Charakteristik geschaffen hat. Und doch ist darin der Gestalt Rudolfs II. noch keineswegs voll Genüge getan. Sie ist zu kompliziert für das Drama, bei all ihrer Tragik, die an den unseligen Bayernkönig Ludwig II. erinnert. Wer den Hradschin in Prag besucht, der sieht in den Räumen des Schlosses den unglücklichen Kaiser inmitten seiner Bilder, mit seinen Astrologen und Goldmachern wandeln. Und dort hebt das große Drama des dreißigjährigen Krieges an, das dem Historiker wie dem Dichter, so viel darüber geschrieben, noch reiche, lohnende Arbeit bietet. Hat doch K. F. Meyer den Stoff allein zu zweien seiner besten Werke der gewaltigen Zeit entnommen. Ihm ist es gelungen in „Gustav Adolfs Pagen" die Gestalt des Schwedenkönigs in meisterhafter Weise zu zeichnen und im „Jörg Jenatsch" hat er den düsteren und trotzigen Bündner uns vor Augen geführt mit einer Echtheit und Wahrhaftigkeit, wie sie dem Historiker selbst kaum besser gelingen könnte.

Er hat eigentlich damit einen Weg gewiesen, der nun freilich nicht in sklavischer Nachtreterei begangen werden darf. Die lange, schwere Zeit erzeugte ein wildes und rücksichtsloses Geschlecht und Charaktere treten hervor, die ähnlich wie Jürgen ihre abenteuerliche Bahn wandeln. Männer von „Fortüne," die aus den Trümmern des allgemeinen Elends ihr eigenes Los ausbauen. Um die leitenden Männer gruppieren sich eine Menge solcher Gestalten, von denen jeder sein seltsames

Schicksal erlebte. Auch hier ist es nicht darum zu tun, in das kulturgeschichtliche Milieu einer raubenden und schändenden Soldateska, von Dirnen und Zigeunern, von verwilderten Bauern und verarmten Städtern nun konventionelle Gestalten zu stellen. Seit Schiller seinen Wallenstein geschrieben, hat Ranke dessen Biographie in meisterhafter Weise geschossen und zugleich den Punkt festgestellt, von dem aus die ganze, große, wilde Zeit zu verstehen ist. Und Männer wie Mansfeld, Christian von Braunschweig, Bernhard von Weimar, Banèr und Torstenson, Graf Königsmarck, das sind Gestalten, die eingehenderer Behandlung wert sind.

Unauslöschlich ist mir der Eindruck von der großen Szene in Arthur Fitgers „Hexe", da die Kunde von dem langersehnten Frieden durch das stille Friesendorf schallt und alles in ergreifenden Jubel ausbricht. Fitger hat ja in seinem Drama ein Kulturgemälde ersten Ranges geschaffen und mit dieser Wahrhaftigkeit jenes unselige Geschlecht uns gezeigt. Aber ich würde eine würdige Ausgabe darin sehen, die Zeit am Schlusse des großen Krieges zu schildern, nicht verdüstert durch die Klagen, wie sie dem Zeitalter eigen, sondern im Hinweisen auf die frischen Keime, die hier ansetzten: denn wie Erdmannsdörffer sagt: „Die Sündflut der dreißig Jahre ist ein Ende gewesen, aber auch ein Anfang," Und ein starkes Geschlecht nimmt den Kampf auf, um die Wunden zu heilen. Freilich ragen von jenen, die den Krieg liebgewonnen, noch viele herein in die Tage des Friedens und können sich nicht zurechtfinden in der neuen Seßhaftigkeit. So setzt dort am Rhein Herzog Karl von Lothringen sein wildes Abenteurerleben fort. Und in den veröedeten Edelsitzen machen sich vielfach neue Eigentümer breit, die ihr Geld in den Kriegsläufen sich erworben, um jetzt auszuruhen und zu genießen. Aber dort in der Pfalz kommt nun der Sohn des Winterkönigs zur Ruhe und Karl Ludwig beginnt seine gepriesene Tätigkeit als Friedensfürst. Und doch wäre es verlockend, seinem Vorleben nachzuspüren. Es war romanhaft genug, wenn auch nicht so ehrenvoll wie das seines jüngeren Bruders, Ruppert des Kavaliers. Überhaupt fesseln die „Kinder des Winterkönigs" unser Interesse ungemein und es ist eigentlich zu verwundern, daß sie bisher historisch noch wenig, dichterisch gar nicht gewürdigt worden sind. Und nicht minder reizvoll wäre es, das starke, zähe Volkstum des Württemberger Landes zu zeigen, das nicht bloß die schweren äußeren Gefahren, sondern auch den Leichtmut seines Herzogs Eberhard II. glücklich ertragen hat. Und die hessischen Lande hatten schon damals – wenn auch in Kassel – eine „große Landgräfin" in jener vortrefflichen „Amalie Elisabeth," Und oben in Braunschweig Lüneburg vollzogen sich im Fürstenhause mancherlei Schicksale, an denen die Charaktere der Fürsten in gleichem Maße mit Schuld trugen als die Verhältnisse. Vor allem Georg Wilhelm von Kalenberg war ein Mensch, den man ebenso gern in seinem Hannover und in seinem Venedig, wie auf seinen abenteuerlichen Fahrten schaut. Die Fremde lockt ja jetzt den Deutschen mehr wie je: in ausländischen Diensten verdient so mancher Sohn der kleinen Fürstenhäuser sich Ehre und Ruhm und erlebt absonderliche Schicksale.

In Brandenburg aber waltete der „Große Kurfürst," den Kleist in seinem „Prinzen von Homburg" auf die Bühne gebracht. Vielleicht hätte W. Alexis aus seinem Vorgänger, dem Kurfürsten Georg Wilhelm, ein gutes Zeitbild gestalten können: erfreulich wäre es nicht, dieses Walten des Grafen Adam Schwartzenberg, die Entartung der preußischen Soldateska, die der Mark mehr Schaden zufügte, als es je ein Feind getan.

Wie anders der „Große Kurfürst." Wer den Briefwechsel desselben mit der hochbegabten Königin Maria von Polen liest, der klugen Tochter des Hauses Gonzaga, der wird unwillkürlich angeregt, diesen Spuren nachzugehen und es spinnen sich Fäden der eigensten Art. Dazu die Verhältnisse in Berlin selbst: jener Waldeck, die Kurfürstin aus dem Hause Oranien, dazu dort in Schweden der zweibrückische Prinz als König, alles tatkräftige, impulsive Menschen, welche sich nicht binden an die konventionellen Bräuche diplomatischer Kleinkrämerei; Vollblutnaturen in gutem und schlimmem Sinne. Und auch jetzt regt sich der Geist der Opposition in den preußischen Landen. An ihrer Spitze der Schöppenmeister Hieronymus Roth, „eine echte, ostpreußische Demagogennatur," und die beiden Grafen von Kalckstein, die mannigfache Schicksale erlebten, aber doch ebenso wie Roth durch ihre Natur und ihren Charakter zu fesseln wissen.

Eine im hohen Maße reizvolle Episode spielt sich im Leben des Herzogs Ernst des Frommen von Gotha ab. Begeistert durch die Berichte eines flüchtigen Abessiniers „Abba Gregorius" sendet der fromme Fürst einen jungen Gelehrten, Namens Johann Michael Wansleben, in dieses ferne Land. Aber dieser ist nie dahin gelangt, aber auch nicht in die Heimat zurück, sondern beschloß sein Leben im Dominikanerkloster Santa Maria sopra Minerva in Rom. Überhaupt bietet das Konversionswesen dieses Zeitalters einen tiefen Einblick in den Geist der Fürstenhäuser und in die Charakterentwicklung ihrer Söhne. Damit soll nicht gesagt sein, daß diese Religionswechsel alle die Folge tiefer Innerlichkeit gewesen wären. Im Gegenteil, die Motive waren fast durchweg recht äußerlich, wie z. B. bei der Pfalzgräfin Louise Hollandine, der „geistreichen Äbtissin von Maubuisson" und dem Herzog Christian von Mecklenburg-Schwerin.

Auch die anziehendste Frauengestalt des Jahrhunderts, Elisabeth Charlotte von Orleans hat der Politik ihres Vaters, Karl Ludwig von der Pfalz, das Opfer der Konversion gebracht. Ihre Briefe sind „ein kulturhistorisches Denkmal von unvergänglichem Werte".

Aber trübe und traurig sind überhaupt die Beziehungen Deutschlands zu Frankreich in diesen Tagen, welche umso mehr durch den Glanz deutschen Heldentums gegen die gefahrdrohenden Türken erhellt werden. Eine Reihe stolzer Kriegergestalten haben sich hier bewährt. Die Verteidiger und Befreier Wiens nicht minder wie jene, die in venezianischen Diensten den Feind bekämpft, so Graf Otto Wilhelm von Königsmarck und dreißig Jahre später Graf Matthias von der Schulenburg, der venezianische Feldmarschall. Von deutschen Fürsten tritt uns hier der Markgraf Ludwig Wilhelm entgegen, an dessen Türkensiege ein wohl saghaftes, aber wehmütiges Geheimnis sich anknüpft, und der „blaue König" Max Emanuel von Bayern.

Aber während sich den vordringenden Türken gegenüber ein Gefühl christlicher Solidarität regt, müssen wir sehen, wie Ludwigs XIV. Intoleranz den französischen Protestantismus in Bewegung bringt. Die

Aufhebung des Edikts von Nantes hat sozusagen tausende von trüben, schmerzlichen Romanen in Szene gesetzt, die nach „namenlosen Gefahren und Opfern" ihrer Helden freilich meist befriedigend in den Landen der Glaubensfreiheit, vor allem in der Mark ausklingen.

Aber eine junge Hugenottin war es vor allem, welche zugleich mit ihrer Tochter zu der Heldin eines Romans geworden ist, wie er düsterer und tragischer kaum erdichtet werden kann. Es ist Eleonore d'Olbreuse aus Poitou, welche nach langem Ringen die Gattin Georg Wilhelms von Braunschweig geworden ist. Ihre Tochter aber war jene Sophie Dorothea, die man sechszehnjährig dem kalten, frostigen Georg Ludwig, dem nachmaligen König Georg l. von England, vermählte. Sie ist die Stammmutter des englischen und des preußischen Königshauses.

Aber welch ein Schicksal ward ihr zuteil! Die trostlose Ehe trieb sie zur Verzweiflung – sie sucht zu entfliehen und fällt so der Hauspolitik zum Opfer. Zweiunddreißig Jahre war sie als die Prinzessin von Ahlden „die Gefangene des welfischen Hauses." Ihr Leben und ihre Schuld ist romanhaft ausgeschmückt worden: eine künstlerische Behandlung hat sie noch nicht erfahren.

Auch König Friedrich I. von Preußen hat eine schwere Schuld häßlicher Undankbarkeit und charakterloser Schwäche auf sich geladen durch das ungerechte Verfahren gegen den Erzieher seiner Jugend und den kraftvollen Lenker der ersten Zeit seiner Regierung Eberhard von Danckelmann. Als ein Satirspiel zu diesem Drama könnte man die Bemühungen der Jesuiten „Pater" Vota und Wolff für die preußische Königskrone und für ihre Bemühungen um die Konversion des preußischen Kurfürstenpaares betrachten. Es ist wirklich interessant, den „Salonjesuiten" Vota in den Gemächern der Königin sein allzu vertrausames Spiel treiben zu sehen.

Wie anders alles unter dem Sohne! Jetzt wird es ernst am Potsdamer Hofe. Allzu straff zieht Friedrich Wilhelm I. die Zügel an. Kaum läßt er sich hindern, den genialsten Sohn des Zollernhauses seinem unbeugsamen Sinn zu opfern, eine Tragödie des Hauses zu schaffen, wie sie grausamer nicht gedacht werden kann. Das Schicksal bewahrt ihn und Preußen davor. Und so steigt Friedrich II. auf den Thron! Er gehört ganz und gar der Geschichte an, so sehr der Geist der deutschen Nation auch durch seine Taten an Impuls empfing. Er ist kein Held, weder für den Dramatiker noch für den Romancier: so viel Versuche auch gemacht worden, sie sind alle, aber auch alle mißglückt.

Aber es ist eine schicksalsvolle Zeit und überall regt es sich in den deutschen Landen: rege Geister, rege Herzen, überströmende Freude am Schönen, vollkräftiges Empfinden hebt die Nation über ihre äußere Kleinheit weit hinaus. Freilich unterhalb dieser genialen Königsgestalt wimmelt ein Geschlecht kleiner und kleinster Fürsten, die ihre eingebildete Größe mit dem verkauften Blute ihrer Untertanen bezahlen. Aber auch solche, die als gute Hausväter walten; ihre Höfe sind der Schauplatz rührender Idyllen. Und der Adel scheidet sich in gleicher Weise. Dort Versunkenheit, hier ein ernstes Streben nach oben, der treue Wille, auch im engen Kreise gutes zu schaffen. Und dazu der stete Einfluß des Auslandes: die naive Sympathie für fremde Abenteurer männlichen und weiblichen Geschlechts. So spielt sich an den kleinen Höfen wie in der Gesellschaft manch seltsamer Roman ab, der an und für sich ein Stück Kulturgeschichte ist. Wohin wir schauen, am Stuttgarter Hof, wo Herzog Karl Eugen sein seltsames Regiment führt, in Zweibrücken und Hessen-Darmstadt, überall tritt in das Fürstentum das persönliche Moment in starker Weise ein. Und dazu kommt jene Fülle von Memoiren, jene Unmenge von Tagebüchern, die, so sehr sie Modesachen geworden, uns doch einen tiefen Einblick in das innerste Leben nicht bloß der einzelnen, sondern der Nation gestatten. Wir können ja heutzutage nur mit Neid auf diese Periode zurückschauen, auf diese Fülle von Geistesschwung und Herzensbildung, nicht bloß bei jenen, die auf der Menschheit Höhen wandeln, sondern auch in den kleinsten und engsten Kreisen. Überall regt sich das geistige Streben, und der Gegensatz zu dem großen Werkeltag, dessen Abendstunde in Deutschland noch immer nicht geschlagen hatte, ist es, der uns fesselt, damals aber eindrucksvolle Situationen und innere Katastrophen heraufbeschworen hat.

Blicken wir zum Beispiel auf Bayern und den schroffen Gegensatz, der sich zwischen dem Hof und dem Volle entwickelt. Nicht die Maitressengeschichten des alternden Kurfürsten Karl Theodor sind es, die heute noch zu fesseln vermögen, nicht die Exjesuiten, die hier Einfluß gewinnen, und den einstigen Freund Voltaires zum apathischen Despoten machen: es sind die Keime geistigen Werdens, die in Schloß und Pfarrhof, in Zelle und Trinkstube hervortreten: es ist das neue Geschlecht in den alten abgetragenen Kleidern der früheren Tage. Und so ist es überall. Vor allem in Wien selbst. Hier gilt es nicht Hofromane zu schreiben im Stil der Frau Louise Mühlbach, sondern die Färbung des Individualismus wiederzugeben, der eben doch der Grundgedanke der Kulturgeschichte sein muß.

Nichts scheint mir dankbarer zu sein, als die Methode des modernen Naturalismus auf das Geschlecht anzuwenden, das mit grenzenloser Naivität und bezaubernder Ahnungslosigkeit der Revolution entgegensah und mit kindischer Reinheit das Große und Reine derselben mit unmittelbarer Kraft empfand. Darum traten denn auch bei diesem gesunden Körper alle Krankheitssymptome mit umso größerer Stärke hervor. Wie in der Berliner Gesellschaft, die uns ja Fontane in ihrer Krisis so meisterhaft gezeigt hat. So wirkt zum Beispiel auch die seltsame Komödiantenschaar der Emigranten – Männlein wie Weiblein – an den rheinischen Höfen so ungemein anziehend. Nichts von Tragik, nichts von Wehmut im Geiste von Chamissos Schloß Boncourt.

Es ist auch nicht der Zauber, wie er über Goethes „Hermann und Dorothea" liegt, da er die Flucht der Heimatlosen schildert: das sind nicht die Emigranten, die in ihren alten Staatskarossen, den Weg über den Rhein gefunden, in ängstlicher Sorge, in feiger Flucht, geleitet lediglich von einem unbeschreiblichen Standeshochmut und jenem Schmarotzergefühl, das ihnen seit einer Reihe von Generationen am Hofe zu Versailles eingeimpft und so zur zweiten Natur geworden war. Das Zeitalter sah sie an mit jener gutmütigen Neugierde, mit der in entlegenen Dörfern heute noch die Kinder auf eine Truppe Seiltänzer oder Schauspieler schauen, denen die Grandezza vom Seil und von der Bühne zur zweiten Natur geworden ist. Hier heißt es gut schauen und sich von falscher Sentimentalität ebenso fern halten wie von hochtrabender sittlicher Entrüstung. Es ist alles Theaterflitter, was das Auge blenden könnte, und eine grenzenlose, aber doch anmutige Verlogenheit, die in dieser Nachblüte Versailler Schranzentums auf deutschem Boden so unsagbar komisch zu Tage tritt.

Und nun daneben die nicht minder verlogene Pracht und Behäbigkeit des in seinem Innern so völlig angefaulten Reichs! Diese Mischung von Bravheit und loyalem Festhalten am Alten, die sich neben dem französischen Emigrantentum zeigt, hat etwas Rührendes. Wie die Pächtersfamilie den verarmten Gutsherrn aufnimmt und sich freut, daß ihm das Schwarzbrot schmeckt, das er in seinen guten Tagen den Untertanen nicht gegönnt und dessen friedlichen Genuß er ihnen so oft vergällt hat, so spielt jetzt der Deutsche den Wirt dem Gesindel gegenüber, das nicht einmal mehr den Mut aus den Tagen der Ahnen gerettet hat, für seinen König den Degen in redlichem Kampfe zu ziehen. Und noch mehr: in die Begeisterung für die große Freiheitskunde, die nun die Besseren der Nation mit elementarer Gewalt erfaßt, mischt sich die alte Schwäche für französische Art: die alte wie die neue Mode Frankreichs wirkt auf die verschiedenen Schichten der Nation in gleicher Weise faszinierend wie ein Dogma, dem man sich kritiklos fügt.

Welche Fülle von Motiven bieten sich hier dem sehenden Auge, das es als schönstes Ziel betrachtet, die Menschen so zu schauen, wie sie gewesen.

Dann hat man auch den Schlüssel zu dem merkwürdigen Geheimnis jener Tage, wo in Staat und Gesellschaft neben Verfall und Entartung, neben Unwahrheit und Selbsttäuschung, neben Feigheit und Schwäche, hoher Mut und Hingebung sonder Grenzen, tiefste Wahrhaftigkeit, und junge, gesunde Kraft sich zeigt: so sehen wir auf dem Felde von Jena und Auerstädt die Verzweiflung alter Generale, den Trotz und den Glauben an sich selbst eines Gneisenau und den stillen Frieden auf dem Antlitz des toten Prinzen Louis Ferdinand. Wir kennen es noch gar nicht, dieses stolze Gefühl, das sich jetzt regt und, äußerlich selbst bei den größten Taten die alte Form nicht zu tragen vermag: wir kennen es noch nicht, dieses gute, starke Herz der schlichten Helden, die nun all die Leiden tragen, bis endlich der Sieg und die Freiheit des Vaterlandes ihr einziger, ihr alleinziger Lohn ist. Der Trotz und die Größe eines Gneisenau und Scharnhorst, die tiefe Weiblichkeit einer Königin Louise spiegelt sich in tausenden und abertausenden deutschen Männer- und Frauenherzen wieder. Und doch ist gerade diese Königin ein Bild von so echt menschlicher Anmut, das inmitten des politischen Treibens leuchtet wie der Polarstern, den man grüßen möchte in der bangen Nacht nationalen Wehs mit dem schönen Gruße: „Ave maris stella." Wie sie aufblickt zu dem Blender Alexander I., den nicht die hohe Weiblichkeit dieses edelsten Weibes fesselt, sondern der hysterische Reiz einer Frau von Krüdener, die nur mit ekstatischen Augenaufschlag zu wirken vermag, nicht mit dem vollen, reinen Blicke voll edelsten, weiblichen Gefühls. Wie hold muten uns die Briefe Gneisenaus an Braut und Gattin an, wie natürlich ist das Empfinden der bayrischen Prinzessin, die wie ein Opfer in das Brautgemach des Prinzen Eugen Beauharnais geführt wird, und nun, da sie ihm allein gegenübersteht, die Arme ausbreitet und dem jungen, frischen Helden voll Hingebung und Charme das gibt, was ihm der peremptorische Wille seines kaiserlichen Adoptivvaters aus Gründen der Staatsraison zudiktiert hatte. Und das gleiche Schauspiel, nur durch feinere Nuancen geändert: die Stephanie Beauharnais am badischen Hause. In ihr tritt die ganze Tragik des gigantischen Schicksals Napoleons I. zu Tage: aber auch die alte Lehre bewährt sich, daß echtes Menschentum und echte Fraulichkeit über aller Staatsraison und den üblen, öden Machenschaften der Politik schweben. Und so mag man ruhig all den Siegesglanz der großen Jahre dem Historiker überlassen; dem Dichter gehört vor allem jene geheimnisvolle Kraft, die sie möglich gemacht. Ihm gehört aber auch jenes unermessliche Leid der Enttäuschung, das nach dem höchsten Aufschwunge deutschen Empfindens, sich des deutschen Volkes; bemächtigt, da nun die Fürsten selbst in das alte krankhafte Mißtrauen zurücksanken und vor dem gewaltigen Pochen nationaler Leidenschaft bangten, die an die Planken ihres Staatsschiffss schlugen. Die „Zeit der Demagogenverfolgungen" ist für den Schriftsteller ein Diamantenfeld, auf dem er die Steine umherliegen sieht, zerstreut und unbeachtet, aber echt von strahlender Kraft. Sie sind es, die unsere heutige Kaiserkrone zieren: wie unser ganzes großes Jahrhundert eben nichts anderes sein soll, als die Zeit, da sich alle Wünsche der Nation erfüllen, da es die Stärke nach außen gewann, um im Innern jene volle Freiheit individueller Entwicklung zu finden: denn allein echtes Menschentum ist echtes Deutschtum. Nichts von engherzigem Konventionalismus auf geistigem Gebiete, die Freundschaft in der Freiheit, die weder durch Lob noch Tadel gehemmte Entwicklung der Idee! Niemand wird dieses befreienden Gefühles mehr bedürfen als der Dichter, der rückwärts schaut, und die Rosen sucht, die im Gemäuer der alten Ruinen blühen. Er selbst soll sich frei halten von allem falschen Scheine der Romantik, von aller Schablone veralteter Geschichtsanschauung. Er kann es heute vom Historiker lernen, und diesem in reizvollster Wechselwirkung wieder lehren: Geschichte forschen heißt Menschen suchen.

Anmerkungen.

Vergl. S. 9. dazu Wilh. Scherer, Geschichte der deutschen Literatur. 5.Aufl., Leipzig 1889, S. 667. Er weist mit Recht darauf hin, daß auch Goethes „Willhelm Meister" aus der Schule des „Agathon" stammt, der in seiner Art eine durchaus originelle Erscheinung in den neuen Literaturen. Doch konstruiert er gleichsam eine Art Verwandschaft mit Xenophons Chrusroman. Auch hier äußert sich schon wie in den anderen Richtungen das Streben nach dem psychologischen Roman. – Über Meißner, s. Koberstein, Geschichte der deutschen National-Literatur, 3 Bd., Leipzig 1866, S. 2699. A G. Meißner fand viele Nachahmer, so vor allem den Kapuzinermönch und Freimaurer Jgn. Theod. Feßner, der einen „Marc Aurel", „Aristides" und „Themistokles" schrieb, dann aber „Mathias Corvinus" und „Attila" als Stoff wählte. Von Interesse ist sein Aufsatz „an die ästhetischen Kunstrichter der Deutschen" (Archiv der Zeit 1886, 1, 242 ff.). Hier zeigt er sich als energischer Vorkämpfer des historischen Romans, den er sich freilich ohne Philosophie nicht denken konnte. Er verwies den „Ritterroman" und stellt die Forderung auf, die „Lücken der Geschichte durch psychologische Kombinationen auszufüllen." Daß auch der reichste Stoff der psychologischen Durchleuchtung bedürfte. das blieb ihm freilich noch fremd. S. Koberstein a. a. O. 2724 f.

S 10. Naubert. Schon nach ihrem Hermann von Unna regte sich der Protest gegen diese Gattung des Romans und die Literaturzeitungen waren bestrebt, die unheimliche Massenproduktion einzudämmen, zumal man sich nicht mit den Lebenden begnügte und die Geisterwelt eingreifen lies.

Auch Zschokke lieferte dazu einen charakteristischen Beitrag: „Kuno von Kyburg nahm die Silberlocke der Väter und ward Zerstörer des heiligen Fehmgerichtes". Eine Kunde der Väter. Berlin 1795. Zwei Bände (!!). S. Koberstein a. a. O. – S. Briefwechsel zwischen Körner und Schiller.

Vergl. über Fouqué, Koberstein a. a O., Gottschall. die deutsche Nationalliteratur des 19. Jahrhunderts, Breslau 1881 4 Bd. Das Kapitel über den historischen Roman kommt natürlich für die ganze Darstellung in Betracht.

Über Achim von Arnim vergl. Scherer a. a. O So ist, Isabella von Ägypten" im Inselverlag neu erschienen.

S. 11. Über Eichendorff s. Scherer a. a. O.

Von Interesse ist auch sein Buch: „Der deutsche Roman des 18. Jahrhunderts in seinem Verhältnis zum Christentum". (Paderborn 1866.)

Ulrich Hegner, vergl. Gottschall a. a O., R Meyer, „die deutsche Literatur des 19. Jahrhunderts", S. 407.

Über Tieck. S. Scherer a. a. O. 669, 791 Gottschall, a. a. O.

Über Novalis R Meyer a. a. O. 13, 14. Wohl eines der duftigsten und feinsinnigsten Werke der deutschen Literatur. Interessant ist, daß Novalis in einem Romanzyklus auch seine Ansichten der Geschichte darstellen wollte, wie er in seinem „Heinrich von Ofterdingen" der Liebe gehuldigt

Über Willibald Alexis, außer den oben angeführten Werken: s. Koberstein a. a. O. 2262.

13, 14, über die hier Genannten s. die oben angeführten Werke.

15, über Heinrich König vergleiche außerdem: August Becker. S. Richard Meyer, 230.

S.S. 17–19 vergleiche Gottschall a. a. O. und a.

21. Über Meinhold. S. Richard Meyer a. a. O. 120 f.

30. Vergl. Über K. F. Meyer, auch E. Wolff, Gesch. der deutschen Literatur, 201–206

Für die weiteren Ausführungen muß auf Literaturangaben aus offensichtlichen Gründen verzichtet werden. Sie bedingen auch nicht den Charakter der Schrift, die lediglich Anregung und zwar in der anspruchslosesten Weise bieten will.

Ebenfalls im SEVERUS Verlag erhältlich:

Adalbert von Hanstein
Die Frauen in der Geschichte des Deutschen Geisteslebens des 18. und 19. Jahrhunderts
SEVERUS 2011 / 368 S./ 39,50 Euro
ISBN 978-3-86347-068-5

„Im vorliegenden Werk beschäftigt sich von Hanstein mit weiblichen Beiträgen zur deutschen Literatur und Kultur des 18. und 19. Jahrhunderts. Gebildete Frauen zu dieser Zeit erschienen „wie schwer verständliche Sonderwesen; und auch wenn in einer Darstellung der Weltentwicklung mitten aus dem Ringen und Streben der Männer jählings als Künstlerin oder als Herrscherin eine Frau ihr Haupt erhebt, so steht sie als eine Ausnahme ihres Geschlechtes da, unweiblich, häufig Bewunderung erregend, häufiger Schrecken verbreitend". Von Hanstein schlägt sich auf die Seite der gebildeten Frauen und verteidigt ihr Recht auf Bildung und ihre Mitwirkung an der deutschen Kultur. Er geht hierbei auf andere Vorkämpfer für die Frauenbildung ein und beschreibt die Situation der Frauen in allen Schichten, sowohl im Bürgertum als auch im Adel.

Ludwig Adalbert von Hanstein, auch unter seinem Pseudonym Ludwig Bertus bekannt, war Mitglied des Friedrichshagener Dichterkreises, einer Vereinigung von Schriftstellern des Naturalismus in Berlin. Nach seiner Promotion 1886 arbeitete er unter anderem als Theaterkritiker und als Privatdozent für Literaturgeschichte in Berlin und Hannover.

www.severus-verlag.de

Ebenfalls im SEVERUS Verlag erhältlich:

Oskar Wächter
Vehmgerichte und Hexenprozesse in Deutschland
SEVERUS 2011 / 184 S. / 29,50 Euro
ISBN 978-3-86347-158-3

In der vorliegenden, 1881 erstmals erschienenen Studie widmet sich Oskar Wächter zwei Erscheinungen der mittelalterlichen und frühneuzeitlichen Rechtssprechung: den Femgerichten und den Hexenprozessen. In einer Zeit des Fehde- und Faustrechts fungierten die Femgerichte als Organe des Volksrechts und schützten den Landfrieden.

Der Schwerpunkt der Studie liegt jedoch auf den Hexenprozessen. Genaue Beschreibungen der Verfolgung, der Foltermethoden und der Prozesse führen dem Leser das volle Ausmaß der Grausamkeit und Rechtswillkür der Zeit vor Augen und zeichnen das Bild einer Kultur des Aberglaubens und Mißtrauens. Ausgehend von Originalquellen zeigt Wächter auf, wie es möglich wurde, daß den Hexenverfolgungen zwischen dem 15. und 18. Jahrhundert Hunderttausende zum Opfer fielen.

Oskar Wächter (1825-1902) war Jurist, Politiker und Schriftsteller.

www.severus-verlag.de

Bisher im SEVERUS Verlag erschienen:

Achelis. Th. Die Entwicklung der Ehe * Die Religionen der Naturvölker im Umriß, Reihe ReligioSus Band V * **Andreas-Salomé, Lou** Rainer Maria Rilke * **Arenz, Karl** Die Entdeckungsreisen in Nord- und Mittelafrika von Richardson, Overweg, Barth und Vogel * **Aretz, Gertrude (Hrsg)** Napoleon I - Briefe an Frauen * **Ashburn, P.M** The ranks of death. A Medical History of the Conquest of America * **Avenarius, Richard** Kritik der reinen Erfahrung * Kritik der reinen Erfahrung, Zweiter Teil * **Beneke, Otto** Von unehrlichen Leuten: Kulturhistorische Studien und Geschichten aus vergangenen Tagen deutscher Gewerbe und Dienste * **Berneker, Erich** Graf Leo Tolstoi * **Bernstorff, Graf Johann Heinrich** Erinnerungen und Briefe * **Bie, Oscar** Franz Schubert - Sein Leben und sein Werk * **Binder, Julius** Grundlegung zur Rechtsphilosophie. Mit einem Extratext zur Rechtsphilosophie Hegels * **Bliedner, Arno** Schiller. Eine pädagogische Studie * **Birt, Theodor** Frauen der Antike * **Blümner, Hugo** Fahrendes Volk im Altertum * **Boos, Heinrich** Geschichte der Freimaurerei. Ein Beitrag zur Kultur- und Literatur-Geschichte des 18. Jahrhunderts * **Brahm, Otto** Das deutsche Ritterdrama des achtzehnten Jahrhunderts: Studien über Joseph August von Törring, seine Vorgänger und Nachfolger * **Brandes, Georg** Moderne Geister: Literarische Bildnisse aus dem 19. Jahrhundert. * **Braun, Lily** Lebenssucher * **Braun, Ferdinand** Drahtlose Telegraphie durch Wasser und Luft * **Brunnemann, Karl** Maximilian Robespierre - Ein Lebensbild nach zum Teil noch unbenutzten Quellen * **Büdinger, Max** Don Carlos Haft und Tod insbesondere nach den Auffassungen seiner Familie * **Burkamp, Wilhelm** Wirklichkeit und Sinn. Die objektive Gewordenheit des Sinns in der sinnfreien Wirklichkeit * **Caemmerer, Rudolf Karl Fritz** Die Entwicklung der strategischen Wissenschaft im 19. Jahrhundert * **Casper, Johann Ludwig** Handbuch der gerichtlich-medizinischen Leichen-Diagnostik: Thanatologischer Teil, Bd. 1 * Bd. 2 * **Cronau, Rudolf** Drei Jahrhunderte deutschen Lebens in Amerika. Eine Geschichte der Deutschen in den Vereinigten Staaten * **Cunow, Heinrich** Geschichte und Kultur des Inkareiches * **Cushing, Harvey** The life of Sir William Osler, Volume 1 * The life of Sir William Osler, Volume 2 * **Dahlke, Paul** Buddhismus als Religion und Moral, Reihe ReligioSus Band IV * **Dühren, Eugen** Der Marquis de Sade und seine Zeit. in Beitrag zur Kultur- und Sittengeschichte des 18. Jahrhunderts. Mit besonderer Beziehung auf die Lehre von der Psychopathia Sexualis * **Eckstein, Friedrich** Alte, unnennbare Tage. Erinnerungen aus siebzig Lehr- und Wanderjahren * Erinnerungen an Anton Bruckner * **Eiselsberg, Anton Freiherr von** Lebensweg eines Chirurgen * **Eloesser, Arthur** Thomas Mann - sein Leben und Werk * **Elsenhans, Theodor** Fries und Kant. Ein Beitrag zur Geschichte und zur systematischen Grundlegung der Erkenntnistheorie. * **Engel, Eduard** Shakespeare * Lord Byron. Eine Autobiographie nach Tagebüchern und Briefen. * **Ewald, Oscar** Nietzsches Lehre in ihren Grundbegriffen * Die französische Aufklärungsphilosophie * **Ferenczi, Sandor** Hysterie und Pathoneurosen * **Fichte, Immanuel Hermann** Die Idee der Persönlichkeit und der individuellen Fortdauer * **Fourier, Jean Baptiste Joseph Baron** Die Auflösung der bestimmten Gleichungen * **Frazer, James George** Totemism and Exogamy. A Treatise on Certain Early Forms of Superstition and Society * **Frey, Adolf** Albrecht von Haller und seine Bedeutung für die deutsche Literatur * **Frimmel, Theodor von** Beethoven Studien I. Beethovens äußere Erscheinung * Beethoven Studien II. Bausteine zu einer Lebensgeschichte des Meisters * **Fülleborn, Friedrich** Über eine medizinische Studienreise nach Panama, Westindien und den Vereinigten Staaten * **Gmelin, Johann Georg** Quousque? Beiträge zur soziologischen Rechtfindung * **Goette, Alexander** Holbeins Totentanz und seine Vorbilder * **Goldstein, Eugen** Canalstrahlen * **Graebner, Fritz** Das Weltbild der Primitiven: Eine Untersuchung der Urformen weltanschaulichen Denkens bei Naturvölkern * **Griesinger, Wilhelm** Handbuch der speciellen Pathologie und Therapie: Infectionskrankheiten * **Griesser, Luitpold** Nietzsche und Wagner - neue Beiträge zur Geschichte und Psychologie ihrer Freundschaft * **Hanstein, Adalbert von** Die Frauen in der Geschichte des Deutschen Geisteslebens des 18. und 19. Jahrhunderts * **Hartmann, Franz** Die Medizin des Theophrastus Paracelsus von Hohenheim * **Heller, August** Geschichte der Physik von Aristoteles bis auf die neueste Zeit. Bd. 1: Von Aristoteles bis Galilei * **Helmholtz, Hermann von** Reden und Vorträge, Bd. 1 * Reden und Vorträge, Bd. 2 * **Henker, Otto** Einführung in die Brillenlehre * **Henne am Rhyn, Otto** Aus Loge und Welt: Freimaurerische und kulturgeschichtliche Aufsätze * **Jahn, Ulrich** Die deutschen Opfergebräuche bei Ackerbau und Viehzucht. Ein Beitrag zur Deutschen Mythologie und Altertumskunde * **Kalkoff, Paul** Ulrich von Hutten und die Reformation. Eine kritische Geschichte seiner wichtigsten Lebenszeit und der Ent-

scheidungsjahre der Reformation (1517 - 1523), Reihe ReligioSus Band I * **Kaufmann, Max** Heines Liebesleben * **Kautsky, Karl** Terrorismus und Kommunismus: Ein Beitrag zur Naturgeschichte der Revolution * **Kerschensteiner, Georg** Theorie der Bildung * **Kotelmann, Ludwig** Gesundheitspflege im Mittelalter. Kulturgeschichtliche Studien nach Predigten des 13., 14. und 15. Jahrhunderts * **Klein, Wilhelm** Geschichte der Griechischen Kunst - Erster Band: Die Griechische Kunst bis Myron * **Krömeke, Franz** Friedrich Wilhelm Sertürner - Entdecker des Morphiums * **Külz, Ludwig** Tropenarzt im afrikanischen Busch * **Leimbach, Karl Alexander** Untersuchungen über die verschiedenen Moralsysteme * **Liliencron, Rochus von / Müllenhoff, Karl** Zur Runenlehre. Zwei Abhandlungen * **Mach, Ernst** Die Principien der Wärmelehre * **Mackenzie, William Leslie** Health and Disease * **Maurer, Konrad** Island von seiner ersten Entdeckung bis zum Untergange des Freistaats * **Mausbach, Joseph** Die Ethik des heiligen Augustinus. Erster Band: Die sittliche Ordnung und ihre Grundlagen * **Mauthner, Fritz** Die drei Bilder der Welt - ein sprachkritischer Versuch * **Meissner, Franz Hermann** Arnold Böcklin * **Meyer, Elard Hugo** Indogermanische Mythen, Bd. 1: Gandharven-Kentauren * **Müller, Adam** Versuche einer neuen Theorie des Geldes * **Müller, Conrad Alexander** von Humboldt und das Preußische Königshaus. Briefe aus den Jahren 1835-1857 * **Naumann, Friedrich** Freiheitskämpfe * **Oettingen, Arthur von** Die Schule der Physik * **Ossipow, Nikolai** Tolstois Kindheitserinnerungen. Ein Beitrag zu Freuds Libidotheorie * **Ostwald, Wilhelm** Erfinder und Entdecker * **Peters, Carl** Die deutsche Emin-Pascha-Expedition * **Poetter, Friedrich Christoph** Logik * **Popken, Minna** Im Kampf um die Welt des Lichts. Lebenserinnerungen und Bekenntnisse einer Ärztin * **Prutz, Hans** Neue Studien zur Geschichte der Jungfrau von Orléans * **Rank, Otto** Psychoanalytische Beiträge zur Mythenforschung. Gesammelte Studien aus den Jahren 1912 bis 1914. * **Ree, Paul Johannes** Peter Candid * **Rohr, Moritz von** Joseph Fraunhofers Leben, Leistungen und Wirksamkeit * **Rubinstein, Susanna** Ein individualistischer Pessimist: Beitrag zur Würdigung Philipp Mainländers * Eine Trias von Willensmetaphysikern: Populär-philosophische Essays * **Sachs, Eva** Die fünf platonischen Körper: Zur Geschichte der Mathematik und der Elementenlehre Platons und der Pythagoreer * **Scheidemann, Philipp** Memoiren eines Sozialdemokraten, Erster Band * Memoiren eines Sozialdemokraten, Zweiter Band * **Schleich, Carl Ludwig** Erinnerungen an Strindberg nebst Nachrufen für Ehrlich und von Bergmann * Das Ich und die Dämonien * **Schlösser, Rudolf** Rameaus Neffe - Studien und Untersuchungen zur Einführung in Goethes Übersetzung des Diderotschen Dialogs * **Schweitzer, Christoph** Reise nach Java und Ceylon (1675-1682). Reisebeschreibungen von deutschen Beamten und Kriegsleuten im Dienst der niederländischen West- und Ostindischen Kompagnien 1602 - 1797. * **Schweitzer, Philipp** Island - Land und Leute * **Sommerlad, Theo** Die soziale Wirksamkeit der Hohenzollern * **Stein, Heinrich von** Giordano Bruno. Gedanken über seine Lehre und sein Leben * **Strache, Hans** Der Eklektizismus des Antiochus von Askalon * **Sulger-Gebing, Emil** Goethe und Dante * **Thiersch, Hermann** Ludwig I von Bayern und die Georgia Augusta * Pro Samothrake * **Tyndall, John** Die Wärme betrachtet als eine Art der Bewegung, Bd. 1 * Die Wärme betrachtet als eine Art der Bewegung, Bd. 2 * **Virchow, Rudolf** Vier Reden über Leben und Kranksein * **Vollmann, Franz** Über das Verhältnis der späteren Stoa zur Sklaverei im römischen Reiche * **Volkmer, Franz** Das Verhältnis von Geist und Körper im Menschen (Seele und Leib) nach Cartesius * **Wachsmuth, Curt** Das alte Griechenland im neuen * **Weber, Paul** Beiträge zu Dürers Weltanschauung * **Wecklein, Nikolaus** Textkritische Studien zu den griechischen Tragikern * **Weinhold, Karl** Die heidnische Totenbestattung in Deutschland * **Wellhausen, Julius** Israelitische und Jüdische Geschichte, Reihe ReligioSus Band VI ***Wellmann, Max** Die pneumatische Schule bis auf Archigenes - in ihrer Entwickelung dargestellt * **Wernher, Adolf** Die Bestattung der Toten in Bezug auf Hygiene, geschichtliche Entwicklung und gesetzliche Bestimmungen * **Weygandt, Wilhelm** Abnorme Charaktere in der dramatischen Literatur. Shakespeare - Goethe - Ibsen - Gerhart Hauptmann * **Wlassak, Moriz** Zum römischen Provinzialprozeß * **Wulffen, Erich** Kriminalpädagogik: Ein Erziehungsbuch * **Wundt, Wilhelm** Reden und Aufsätze * **Zallinger, Otto** Die Ringgaben bei der Heirat und das Zusammengeben im mittelalterlich-deutschem Recht * **Zoozmann, Richard** Hans Sachs und die Reformation - In Gedichten und Prosastücken, Reihe ReligioSus Band III

www.ingramcontent.com/pod-product-compliance
Lightning Source LLC
Chambersburg PA
CBHW030119010526
44116CB00005B/312